论美洲印第安人与论战争法

海国图志

西南大学海国图志书院主办

论美洲印第安人与论战争法

[西班牙] 弗兰西斯科·德·维多利亚 著

戴鹏飞 译

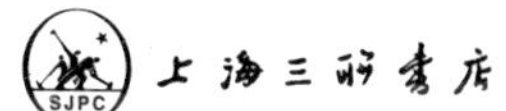

目 录

中译本前言
弗兰西斯科·德·维多利亚及其国际法思想

一、新大陆的发现与世界秩序的生成

西罗马帝国沦陷，在经历了漫长的封建时期之后，欧洲逐渐形成了众多的小王国、公国、共和国和帝国组成的复杂体系。这个体系有三个特点：(1)各个成员通过宗教的纽带联系在一起，他们拥有共同的信仰，即基督教。(2)至少有一项共同的语言，拉丁语这一教会的语言对于他们而言是共通的。(3)他们相互之间承认一定的平等，至少谁都不会自称有权管制和统治对方。用有一个名词恰切地概括了这一多样的联合体，即基督教共和国(Respublica Christiana, Res Christiana)。这是一个多元的体系。并且，正是欧洲历史上曾经长时间地呈现并保持的多元性历史与政治格局铸就了西欧世界的国际秩序观念。

在西欧政治体系内，对于多元体系的存续而言，最重要的是避免出现一个拥有绝对实力的权力体系，打破均势体系。尽管历史上欧洲也曾经多次试图缔造一个统一的绝对权力体系，例如公元800年，查理曼大帝被教皇列奥三世加冕为“罗马人的皇帝”。但是，查理曼的帝国并未持续很久就开始分崩离析，开始漫长的封建时代，直至16世纪西班牙国王查理查理五世加冕神圣罗马帝国皇帝之后，神圣罗马帝国才又暂时地恢复了活力。

均势体系还面临另外一项威胁,即面临西欧政治体系之外强权的危险,并且这种威胁常常是一种致命的危险。因为多元与均势意味着各个政治体之间彼此的平等与实力相对的弱小几乎很难抵抗强大强权的进攻。较为久远的例子例如,波斯人进攻希腊;较晚近的例子例如 1453 年,当信奉伊斯兰教的奥斯曼苏丹穆罕穆德二世用他"火龙般的巨炮"攻陷了据称"永不可攻陷的"君士坦丁堡之后,西欧的多元均势体系就面临着最为致命的危险。

面对这种危局,西方世界再次地选择了海洋,这点正如一千多年前,在希波战争中面对波斯联军时,雅典人的选择一样。1492 年阿拉贡国王和卡斯蒂尔女王伊莎贝拉攻陷了伊斯兰在安达卢西亚最后的据点格拉纳达。几乎与此同时,西班牙和葡萄牙分别开启了向西与向东的海上航路。在东方海域,葡萄牙人终结了埃及、土耳其、伊朗和印度的海上优势。而在欧洲以西的海域,随着 1492 年哥伦布发现了美洲新大陆,以及西班牙、葡萄牙,最重要的是英国在新大陆的殖民,一个以西欧的多元与均势观念为指导,以英美海洋国家的军事实力为基础的世界秩序逐渐生成。

因此,美洲新大陆的发现对于近现代世界秩序的生成具有重要的意义。在谈到这点时,基辛格认为,美洲的发现和新航路的开辟使昔日只限于一个地区的国际秩序在地里上以欧洲为中心扩展到了全球。"欧洲诠释了世界秩序概念的内涵,并决定了这一概念的实施。……欧洲人不断扩展视野,直到欧洲各国的殖民活动覆盖了地球上的大部分地区,世界秩序概念与欧洲的均势运作融为一体。"新大陆的发现与宗教改革不仅宣告了欧洲旧的以教皇和帝国皇帝"双剑"支撑的天下一统秩序观的瓦解,同时它也在战争的火与剑之中涤荡着"天朝上国、万邦朝贡"的世界观。多元与均势的秩序不再局限于欧洲一隅,而在世界的范围内展开,而以维多利亚、格劳秀斯等西方思想家奠定的关于万民法、战争与和平方面的法律则为整个秩序奠定提供了思想资源。在其中，维多利亚尤其重要，因为他所讨论的正是美洲新大陆发现后，美洲印第安人具有哪些权利以及能否对他们行使战争权利等问题。

二、维多利亚“论印第安人”的历史背景

1480年，维多利亚（Franciscus de Victoria）生于曾经的卡斯蒂尔王国，他的故乡是西班牙阿尔巴省的首府维多利亚（Vittoria）城。孩提时代，随父母迁居至卡斯蒂尔王国首府伯格斯（Burgos）。在伯格斯，他接受了最初的启蒙教育，并在同龄人中出类拔萃。后来追随其兄长迪达库斯·德·维多利亚（Didacus de Victoria）的榜样也加入了多明我修会（Order of St. Dominic）。在完成了作为修士的见习学习之后，他进行了几年的哲学与神学研究，之后被派往巴黎大学，进行更高级的深造。在巴黎，他在圣雅各学院学习，这是一所属于多明我修会并附属于巴黎大学的学院。维多利亚的老师是布鲁塞尔著名的教授彼得·克罗克卡尔特（Peter Crockaert）。跟随这位导师，维多利亚研习了圣·托马斯·阿奎那的理论，并且在神学上取得了巨大的进步。1513年，日内瓦举行的多明我修会总会（general chapter）授予其学位。两年之后，在那不勒斯召开的多明我总会，维多利亚顺利通过考试，被授予彼得·伦巴德的《名言录》（*Libri sententiarum*）的讲席教授。1520年，他进入了索邦神学院，1521年3月24日，他获得了神学硕士学位。1522年开始教授圣·托马斯的《神学大全》。

从巴黎回到故乡西班牙之后，维多利亚首先在巴拉多利德（Valladolid）多明我修会的圣·格里高利学院（Dominican Gymnasium Sangregorianum）作为初级讲师教授课程。在列昂的帕布洛（Pablo of Leon, [Paulus Legionensis]）去世之后，曾经被帕布洛占据长达20年之久的萨拉曼卡大学“首席神学教授”职位出现了空缺。而尽管

竞争者众，维多利亚仍然以一致通过的票数当选为萨拉曼卡大学"首席神学教授"。在这个职位上，维多利亚讲授了20年的神学，并获得了普遍的声誉与荣耀，被誉为"经院神学的复兴者"。因为他改革了经院神学的教授方法，使其变得更加生动，并贴近现实。对此，后来有人称颂维多利亚说："正如古时候苏格拉底将哲学从天上带到了人间，弗朗西斯科则将神学从天上召到了地上。"而要求学生听众将在课堂上的内容详细记录下来的教授方法更是维多利亚所首创。正是在萨拉曼卡大学20年的教授生涯，使其获得了不朽的声誉，甚至开创出了一个学派。在为出席特伦特大公会议做筹备工作的过程中，不幸操劳过度，终于1546年离世。①

1492年，哥伦布发现了美洲新大陆。1493年，西班牙与葡萄牙接受了教皇的仲裁，在马德里西北部的一个小镇托尔德西拉斯签署了《托尔德西拉斯条约》，分割了新发现的世界领地。根据该条约，双方同意根据距离佛得角群岛以西370里格（约2000公里）处划一分界线，该线以西属西班牙的殖民地，而以东则是葡萄牙的殖民地。两国可以在划定区域内垄断性地进行贸易与殖民。

随后大量的西班牙人涌入美洲新大陆，并在美洲建立殖民地，进行殖民，统治印第安人。在西班牙人建立起庞大的殖民帝国的过程中，发生了许多残暴的事情，即对印第安人进行的战争与屠杀。关于西班牙人在建立殖民帝国期间运用的残暴手段的记载，最值得信赖的就是同时期西班牙神学家德·拉斯·卡萨斯（Bartholomew de Las Casas）。卡萨斯作为神父在殖民地布道，曾亲眼见证了印第安人的淳朴以及西班牙人对待印第安人的残酷行径。后来出版了著名

---

① 关于维多利亚的生平以及维多利亚著作的智识与历史背景，可以参考本书主编恩内斯特·尼斯（Ernest Nys）教授的导言（参见本书"导言"部分）以及本书编者怀特（Herbert Francis Wright）先生的博士论文 *Francisci de Victoria de Ivre belli Relectio*。

的《西印度毁灭述略》一书,记载了西班牙殖民者在美洲的残暴行为。

卡萨斯曾多次致书查理五世以及西班牙国内管理殖民地事务的西印度委员会,指出西班牙人在印第安人殖民地的行径是不合法的。他指出,西班牙人是通过两种手段统治印第安人的,一种是非正义的,残暴、血腥的战争,另一种是通过残酷的剥削压迫。这引起了人们对印第安人权利问题以及战争正义性问题的争论。这场争论的一方是卡萨斯,另一方是法学家塞普尔韦达(Juan GinesSepulveda [1490-1572])。塞普尔韦达和其他一些罗马法学家们以亚里士多德"天然奴隶"的学说为基础,认为印第安人行为粗野,愚钝无知,属于低等人种,而权力与财产是属于有理性的人所有,因此征服并统治印第安人是合法的。面对这些争论,西班牙国王查理五世致函维多利亚,向他咨询。所咨询之事关切重大,即是由卡萨斯向印第安人委员会提出的,根据在新世界已被采用的仪式为成年印第安人施洗,也即在未给予他们必要的宗教教导之前便对成年印第安人施洗是否合法与合宜?对这个问题的研究与回复即是"论印第安人"与"论战争法"两篇文章。

三、维多利亚"著作"的特点

(1)这里谈维多利亚述"著作"的特点,会引起误解。因为维多利亚本人在其有生之年从未写过任何用于出版的著作。我们现在所读到的维多利亚的著作都是后人根据其学生听课时所记的笔记整理而成的,并非维多利亚本人亲自留下的著作。维多利亚是一位典型的述而不作的学者。

虽然维多利亚并未写过任何著作,但他是西班牙第一个要求学生将他讲述的内容写下来的老师。因此,在维多利亚 20 年的教学生涯中,口述的著作无数。这些著作被维多利亚的学生或者追随者编辑成书。因此,今天我们可以见到维多利亚的主要著作有以下五种:《神学重释十二章》(*Relectiones Theologies XII*)、《教会圣事大全》(*Summa Sacramentorum Ecclesiae*)、《忏悔手册》(*A manual for confessors sometimes called Confesionario, sometimesInstruccion y Refugio del Anima*)、未刊文稿《神学大全评注》(*In Universam Summam Theologies Sancti Thomcs Commentaria*)以及未刊文稿《<嘉言录>第四卷评注》(*Commentaria in IV Lib. Sententiarum*)。[1]

上述著作中的第一部《神学重释十二章》(*Relectiones Theologies XII*)尤其值得我们注意,因为本书所涉及的两篇文论即"论印第安人"与"论战争法"即出自该书。这两篇文章的标题拉丁文分别为:"De Indis recenter inventis relectio prior"以及"DeIndis, sive de jure belli Hispanorum in barbaros, relectio posterior"。

"重释"(reletiones)一词英文译为"re-reading"。在萨拉曼卡,它指的是一种神学练习方法,非常类似于中世纪著名大学中流行的问答辩难(quaestionesquodlibeticae)。所不同的是,"重释"这种问答辩难形式所涉及的主题与内容更加复杂与艰深。它是同一位教授将之前一年的讲授中所涉及问题中最重要、与现实最为关切、对现实最为有用的那些问题重新进行讨论、辩难。出席"重释"课程的也并非是普通的听众,而是更加有学问的学者,它面对的是学术听众。[2]

由于维多利亚本人并不曾亲自留下过任何著作,因此,维多利亚不可能有任何手稿存世。所有的著作都是由维多利亚的学生记

① 参见怀特(Herbert Francis Wright)先生的博士论文 *Francisci de Victoria de Ivre belli Relectio*, 第 11 页。

② 参见怀特先生的博士论文 *Francisci de Victoria de Ivre belli Relectio*, 第 24 页以及《维多利亚政治著作选》, Anthony Pagden, Jeremy Lawrance 主编,第 380 页,中国政法大学出版社。

录下来的文字经后人整理编辑而成。因此,可以说有多少听众就有多少手稿,而真正的作者却没有任何的手稿。因此,了解维多利亚著作的版本情况就异常重要。

而关于《神学重释十二章》共有三个最为重要的版本。第一个版本是1557年由博伊尔(Boyer)在里昂出版印刷而成,通常被称为里昂版本。这个版本的独特价值在于,编者本人博伊尔和维多利亚是同时代人,并且是萨拉曼卡图书馆官员,和维多利亚熟识,因此,他有可能获得维多利亚理论的第一手资料。他编辑所用的资料都是从维多利亚的听众那儿得来的。

第二个版本即1565年由穆诺兹(Munoz)在萨拉曼卡出版的,通常称为萨拉曼卡版本。1565年,在萨拉曼卡穆诺兹当时正陪同维多利亚的学生多明戈·索托(Domingo Soto)整理《判例集》第四卷的清样。无意中,穆诺兹看到一本小书,就是里昂版本的维多利亚著作。他发现其中有许多错误,因此就打算对它进行校订。这件事情被维多利亚的两个学生知道后,他们也参与了校订工作。穆诺兹版本对之前的版本进行了校订,修订许多错误,但也保留或者增添了新的错误。萨拉曼卡版本和里昂版本最大的不同之处是,穆诺兹对文字许多改动与增添,使文意变得更加清晰、顺畅。

第三个版本即1580年的因戈尔斯塔特版本。关于这个版本的详细校订情况可以参阅本书"1580年因戈尔斯塔特版本致读者"。

这三版本是维多利亚著作最主要的版本,以后其他的版本,例如1586年和1587年的里昂版本、1604年的安特卫普版本、1626年的威尼斯版本、1680年的萨拉曼卡版本、1696年科隆和法兰克福版本以及1755年的马德里版本,都是以因戈尔斯塔特版本为基础的[①]

① 参见怀特先生的博士论文 *Francisci de Victoria de Ivre belli Relectio*,第三章。

《神学重释十二章》共包括“论教会全权”、“论教会权力”、“论世俗权力”、“论教皇与大公会议的权力”、“论印第安人及战争法”、“论离婚”、“论仁慈的增长与减少”、“论节制”、“论杀人”、“论论圣职买卖及对圣职买卖行为的惩罚”、“论魔法”以及“论基督徒的义务”十二章内容。在这些渊博的著述中,有两篇文论即“论印第安人”以及“论战争法”尤其值得我们注意,因为正是这两篇论文中针对印第安人以及战争法提出的许多论点,奠定了现代国际法的理论基础。而这两篇文论也是本书的主要内容。本书所选两篇文论出自《神学重释十二章》中的“重释五”:“论印第安人及战争法”。

四、论新近发现的印第安的重释之前篇(De Indis recenter inventis relectio prior)

(一)讨论印第安人问题之必要性

本译本所依据的英译本将前篇分为了三节。第一节讨论在西班牙人到来之前,这些印第安土著民在公法还是私法上是否都是真正的所有权人。第二节讨论将新大陆土著居民纳入西班牙统治的不合法理由。第三节讨论具有哪些合法的理由,可以将美洲印第安土著民纳入西班牙的统治。

在对印第安人问题进行讨论之前,维多利亚首先花了一些篇幅来讨论在道德上存在疑虑的一些事情方面,人们是否应当咨询神学家、教父们的意见。这是对于讨论美洲印第安人问题之必要性的回应。因为有许多法学家们认为,西班牙人统治美洲是理所当然正义与合法的,无需任何论证。

对此,维多利亚的回答是,人们不能对那些完全不可能或不必要的事情进行质疑,也无法对那些大家都确切地知道是合法、正当的事务进行考察,同样也不能对大家都确切地知道是不合法、不正当的事务进行考察。“在心存疑虑的事情上,人们必须寻求教会专为解答人们的疑虑而任命指派的人,例如教士、牧师和忏悔师”。而印第安人问题是值得进行质疑的,因为有许多流言,认为西班牙人对待美洲印第安人是极其残暴的。因此,有必要对这个问题进行“重释”。并且,在这个问题上,人们应当听取神学家们的意见,因为印第安人问题是不属于人法问题的,而应该依据神法加以判断。

(二)印第安人是否拥有所有权?

在对讨论印第安人问题之必要性进行简短的回应之后,维多利亚开始讨论印第安人在美洲人到来之前是否拥有所有权(dominium)问题。

反对印第安人拥有所有权的观点来自三个方面:

1. 天然的奴隶学说。当时西班牙的法学家们例如塞普尔韦达认为美洲印第安人是天然的奴隶,而根据亚里士多德以及罗马法的观点,奴隶是不得拥有财产的。“因为奴隶自身一无所有。”(《法学阶梯》2,9,3 以及《学说汇纂》,29,2,79)“有些人是天然的奴隶,他们更加适合于服从而不适合于统治。”(《政治学》卷一)

2. 犯有道德上的罪恶的人、不信教者和异端等不得拥有所有权。持这种观点人主要是神学家们,例如里昂的穷人(poor folk of Lyons)、瓦尔登西斯(Waldensis)以及约翰·威克里夫、阿玛查努斯(Armachanus)等人。他们认为恩典是占有的合法理由,因此,犯有道德罪行的人、不信教者和异端就不能占有任何东西。因此,印第安人没有所有权。

3. 不具有理性能力导致不能拥有所有权。有人认为,印第安人理智低下,因此无法拥有所有权。

针对这三点,维多利亚逐条反驳,他认为:

4. 道德上的罪愆并不排斥真正意义上的民事所有权。假设道德上的罪会排除所有权,那么就会陷入一个道德困境:假设有一个人犯下了道德上的罪恶，因此被剥夺了所有权，但是他为了活下去就必须以偷窃为生。那么这个人将不再有获得救赎的可能。因此大前提就是错误的，道德上的罪恶并不会剥夺所有权。因为犯下罪行的人并不会因此对他自己的行为和身体散失统治权（dominium）。其次，圣经中许多罪恶的人例如所罗门、亚哈和其他一些“国王”都并未因为罪恶而被剥夺统治权。再者，道德上的罪恶并不会剥夺人们精神上的统治权（spiritual jurisdiction），因此，它也不会剥夺人们民事上的财产权，因为民事上的财产权比精神上的治权更加不依赖于上帝的恩典。

其次，不信教者（unbeliever）不会被剥夺财产权。首先，根据阿奎那的观点（《神学大全》，II-II.10.10）不信教既不会取消自然法也不会取消人法，而一切的治权都源于自然法或人法，因此它们不会因为缺乏信仰而被取消。所以，一个不信教的人并不会因为不信教而被剥夺财产权，而且《圣经》本身也称许多不信教的人为国王，并未剥夺他们的统治权。

再次，异端也不能成为剥夺人们财产权的理由。因为神法上并未规定可以剥夺异端的财产权。异端在人法上是否会被剥夺财产权呢？在这点上，阿奎那异端在被宗教法庭裁判为异端之前可以合法地拥有财产权，并且可以转让自己的财产；一旦此人被法庭裁判为异端，则其犯下异端行为之后的财产都将被没收，并且不能以任何方式转让其财产。

5. 非理性的造物是无法拥有所有权的（*dominium*），并且各自相互之间也无法拥有权利。但是印第安人并非毫无理智的人，“因为他们在处理自己的事务的时候也是显示出具有相当技巧的，他们有自己的政体，并且安排得井然有序，他们有固定的婚配，有长官、酋长、法律和工场，还有交换兑换体系，而所有这些都要求利用理性。同时他们还有某种宗教。”。

6. 关于天然的奴隶，亚里士多德要说的是，由于某些人天然的缺陷，他们需要受人统治与管理；对他们来说，服从他人是有好处的，就像儿女们在达到成年之前都必须服从他们的父母一样，就像妻子要服从丈夫一样。有些人是天然的主人，这些人即指那些拥有较强理智的人。自然给予这些人统治与管理的能力。因此，即便我们承认这些印第安人就像人们所宣称的那样又蠢又笨，我们仍然不能拒绝将所有权授予他们，更不能将他们等同于民法上的奴隶。

因此，综上印第安土著民就像基督徒一样毫无疑问在公法和私法上都拥有真正的所有权。

（三）西班牙的君主们对印第安人的不合法主张

在论证了美洲印第安人并非天然的奴隶，并非毫无理性之人，他们拥有真正的所有权之后，维多利亚进而论述当时西班牙的君主们统治印第安人的不合法主张。维多利亚列举并反驳了七项非法的权利理由：

1. 皇帝是世界的君主，因此有权统治印第安人。1519 年西班牙国王加冕为神圣罗马帝国皇帝，因此有观点主张以此为基础对印第安人进行统治。赞成此项主张的人分别从神法、自然法、罗马法方面加以论证。神法方面主要列举了旧约与新约中的相关论述；自然法方面是认为，自然的事务中总是有一个统领，例如在身体中，它就是心脏，在灵魂中，它就是理性；在人法方面列举了《学说汇纂》中皇帝安东尼乌斯：“我确实是世界的君主。”

维多利亚对此的反驳也是从神法、自然法和人法方面展开的。在自然法方面，他引用了阿奎那和亚里士多德的观点。阿奎那说，按照自然法，人类除了要服从父母和丈夫的统治之外，都是自由。因此，依照自然法，没有一个人能够统治世界。在神法方面，《圣经》

也未记载有任何君王曾经是世界的统治者,即使被称为“万王之王”的尼布甲尼撒也无法统治整个世界,因为犹太人不受外人统治。而罗马人获得的帝国也并非通过神圣的恩赐而获得,而是通过正义战争或其他的合法理由获得的。并且世界君主的观点是和经文相悖的,因为在经文中世界从一开始就被划分为不同的地区与王国。

在神法方面,还有一种观念认为,自基督降临之后,通过基督的明确恩赐,世界有了一个皇帝。因为“天上地下所有的权柄都赐给我了。”(《马太福音》28:18)而基督在地上留下了一个代牧掌管精神事务,在世俗方面也留下一个代理人即皇帝掌管世俗事务。维多利亚不赞成这种观点。他认为基督的权力及于精神领域,而在世俗方面仅限于有助于灵魂拯救的方面。

在人法方面,假如皇帝是世界的君主,那么全世界就应当有相同的法律,但事实并非如此。因此,皇帝从来就不是整个世界的君主。

2. 有一些法学家例如巴托鲁斯认为教皇在全世界的世俗事务上也拥有全权,所有世俗君主的权利都来自教皇,因此可以以教皇授权的名义对印第安人行使权力。维多利亚首先否定了教皇是整个世纪的世俗君主。因为,如果连基督都没有世俗权力,那么教皇就更没有世俗权力了。其次,经书上说,到世界的末日,“要合成一圈,归一个牧人”。但是,现在,羊群们还没有合成一群。因此教皇只有在精神事务方面有资格作为基督的代牧,并不具有世俗的全权。再者,假定教廷对全世界拥有世俗权力,它也不能将其授予给世俗君主。因为这项权力是同教皇这一职位密不可分的。最后,教皇所拥有的世俗权力仅仅限于它是有助于精神方面事务的,是管理精神事务所必不可缺的。在这方面,教皇主要可以阻止会导致罪恶的世俗法律,废除某个教派依据邪恶的信念而制定的法律;如果基督教君主之间发生了战争,教皇可以进行裁决;教皇有时候还可以废除国王,拥立新的国王。因此,教皇对印第安人和其他不信教者都不具有世俗的权力。印第安人拒绝承认教皇的权威也不足以构成对他们开战的理由。所以,综上,在西班牙人最初抵达美洲时,他们没有任何权力占领土著居民的土地。

对此,维多利亚提出的反驳:

3. 以发现为理由统治印第安人。西班牙最早发现并占有这些土地,因此就是这些土地的合法统治者。但是正如第一节中所论证的那样,在西班牙人到来之前,印第安人就拥有所有权。此外,按照万民法的贵族,最初发现的原则只适用于无主财产。

4. 由于印第安人拒绝接受基督教而对印第安人开战。在这一部分中,维多利亚讨论了西班牙人是否有权利由于印第安人拒绝接受基督教就对他们发动战争。关于这点,维多利亚详细地讨论了传播基督教与统治印第安人之间的关系。首先,如果基督教没有被传播给印第安人,那么西班牙人不得由于印第安人不信教而对他们开战。在这个问题上,维多利亚细致地论述了可克服的无知(vincible ignorance)和不可克服的无知(invincible ignorance)之间的区别。其次,如果基督教的信仰只是被简单草率的形式被传布给印第安人,西班牙人也不得对印第安人开战。最后,如果基督教信仰在印第安人面前得到充分的证明,并且传道之人过着虔诚的宗教生活,那么印第安人就必须接受基督教信仰。但是,即便印第安人仍然不愿意接受基督教信仰,也不得对他们进行开战。因为"信仰是一件有关意志的事情。"依赖卑屈的恐惧来迫使人们信仰,实在是一件亵渎神明的事情。

5. 由于印第安人犯下了一些违反自然法的罪行,因此,可以对他们开战。对此,维多利亚认为,这种观点首先就是建立在错误的假设即教皇对印第安人拥有司法权的基础之上。其次,如果教皇有权处罚印第安人违反自然法的罪行,那么他也可以对其他基督教王国中违反自然法的行为进行处罚,但这显然是不可能的。

6. 印第安人自愿选择由西班牙人统治。维多利亚认为,这项理由是不充分的。首先必须保证不存在恐惧与无知,因为它们会污染选择。而恐惧与无知显然在印第安人的选择中发挥了重大的作用,并且西班牙人都是通过全副武装的军队来实现自己的目的的。其次,在西班牙人到来之前,印第安人就拥有真正的主人与君主,因此他们不能在缺乏其他合理理由的情况下拥立新的主人。

7. 通过上帝的特别恩赐。有些人断言,由于印第安人令人厌恶的行为,上帝做出了特别的裁决,谴责印第安人,将他们打入地狱,并交到西班牙人的手上。维多利亚认为,这种假设是根本不足信的,根本无需进行论辩,再者,即使印第安人遭到上帝谴责,也并不能保证毁灭它们的那些人是无罪的。因为,以色列人被巴比伦国王掳为囚这是上帝的独特旨意,但并不能因此就认为巴比伦国王是无罪的。

因此,通过对《论印第安人》第一二节的讨论,可以看出按照维多利亚的观点,美洲印第安人拥有自己权利,他们并非天然就是奴隶,而是自由人。西班牙人不能以皇帝或教皇为理由或者其他的一些理由对印第安人开战。维多利亚是以一种原初创世的角度来公平地看待美洲,给予美洲平等的身份。这点同《洛克》在《政府论》中开篇的"太初有美洲"的论述视角是类似的,而与将新发现与征服之领地视为天然的行省、附属地,极尽剥削与压榨之能事的做法是迥然不同的。

(四)、西班牙人对于印第安人可以具有哪些合法的权利:

1. 第一项权利理由是自然的友爱与伙伴之情(natural society and

fellowship)(natural partnership and communication)。从这项权利理由中可以得出以下七项推论:

(1)旅行与逗留的权利。只要西班牙人不为害当地民众,他们就可以在印第安人的土地上旅行与逗留,印第安人不得对此加以阻扰。这项观点,维多利亚论证得最充分,他一共用了14点理由来支撑这个观点。

(2)"自由贸易"的权利。西班牙人可以合法地在印第安土著民中间进行贸易,只要他们不危害他们自己的国家。

(3)国民待遇原则。如果在印第安人中间,有些事情是被当做可以同时向公民与外邦人开放的,那么印第安人就不能阻止西班牙人参与这些事情。例如,如果外邦人都被允许在印第安人的土地上或河流中外挖掘金子,或者在海中或合理采集珍珠,那么印第安人就不能阻止西班牙人做这些事情。印第安人不得阻扰西班牙人同当地人的交往以及对当地事务的参与,只要这些事务被当视为既对当地人也对外邦人都开放的事务。

(4)西班牙人有权获得地理的矿藏或海里的珠宝。这点维多利亚是根据罗马万民法中的无主物先占取得原则得出的。西班牙人所生的孩子定居在印第安人的地区,并且期望成为当地的公民,印第安人不得拒绝给予他们公民权,也不得拒绝给予他们其他公民所享有的优厚待遇。

(5)在印第安人的土地上出生的西班牙人的子女有权获得当地的公民权。

(6)如果印第安人执意阻止西班牙人获得上述依据万民法而享有的各种权利,西班牙人首先应当用理性和说服,去根除他们的偏见,并且应当千方百计地表明他们来到印第安人的土地上并非是要伤害他们,而是想要作为友善的客人短暂逗留,或者进行旅行,并不会给印第安人造成伤害。如果印第安人由于对全副武装的西班牙人的恐惧而驱逐或杀害西班牙人,西班牙人有权进行自卫战争。并且,这种战争对于双方都是正义的。因为印第安人是由于不可克服的无知,而西班牙人是出于权利。

（7）如果西班牙人竭尽全力表明,他们绝不会搅扰印第安土著的安宁与幸福,而印第安人仍然执意仇视西班牙人,并千方百计地毁灭西班牙人,这时,西班牙人就可以对印第安人行使全部的战争权利,包括剥夺他们的财产,将他们俘虏,推翻他们先前的君主酋长,拥立新的君主酋长。

2. 第二项权利理由是传播基督教。

（1）基督徒有权利在印第安人的土地上传布、宣传福音。这是根据神法的要求,因为经文上记载了:"你们往普天下去,传福音给万民听。(《马可福音》16:15）

（2）教皇可以将传布福音的使命授予给西班牙人,并禁止其他人从事这项使命。这是根据维多利亚对教皇世俗权力的看法得出的。教皇的世俗权力限于它有助于精神领域权力的实施。

（3）如果印第安土著民允许西班牙人自由、毫无阻拦地传播福音,那么无论他们是否接受基督教信仰,这都不能构成对他们发动战争、或以其他方式夺取他们土地的合法理由。

（4）如果印第安人(无论是君主酋长还是民众）阻扰西班牙人自由地传播福音,在首先通过说理以图消除他们的误会之后,西班牙人可以无视印第安人的反对继续传播福音,并献身于使印第安人改宗,而且如果必要,他们甚至可以接受战争或者发动战争,直到西班牙人获得了传播福音所需的必要条件与安全。

3. 第三项权利理由:如果任何已经皈依了基督教的印第安土著民屈从于印第安君主酋长的武力或恐吓,又重新回归到偶像崇拜,那么这将给予西班牙人正当的理由,使得他们在其他手段不凑效的情况下,可以合法地对印第安人开战,并用武力迫使他们停止此类的不当行为;并且,西班牙人能够对此类冥顽不灵的行为行使全部的战争权利。

4. 第四项权利理由:如果大部分的印第安人都皈依了基督教,他们事实上已经成为基督徒了,那么教皇就有合理的理由为他们立一位基督君主(不论他们是否曾经要求这么做),并推翻他们其他的不信教的统治者。

5. 第五项权利理由:如果印第安君主在印第安土著民中间实行残暴的统治,凶残地对待无辜的平民,例如他们允许用无辜的人作为牺牲,或者出于食人的目的杀害无辜者,那么西班牙人就有权利进行干预。

6. 第六项权利理由:印第安人了解到西班牙人审慎的统治与人道的精神,他们(无论是统治者还是被统治的民众)都发自内心地自愿接受西班牙国王作为他们的统治者。

7. 第七项权利理由:印第安人与西班牙人的结盟。印第安人自己也时常彼此之间发动合法的战争,而受到不公正对待的一方有权宣战,他们可能会召唤西班牙人的援助,并同他们分享胜利后的战利品。

最后,维多利亚认为还有一项虽然不能成立,但可以提出来讨论的权利理由,即前文提到的天然奴隶的理由。维多利亚是按照他所理解的亚里士多德的天然奴隶的观点,即印第安人在理智上存在一些欠缺,不足以建立或统治一个合法的、达到人道和民事标准的国家。因此,西班牙人为了印第安人的利益考虑,可以为他们提供地方首长和城镇官员。

在对旅行与逗留的权利的论述中,维多利亚在第十点理由中引用《法学阶梯》的观点,认为流动的水以及大海是所有人类共有的,所有河流与港口也应是如此,来自各地的船只都能够在各个港口靠岸。因此,印第安人不能将西班牙人排除在外。能否据此认为维多利亚是海洋自由论较早的提出者?但是在后文中维多利亚又认为,因为教皇可以将在美洲传教的权利单独地授予给西班牙人,因此如果西班牙人在美洲的贸易是有助于传播福音的,那么教皇也有权将在美洲的贸易权排他性地授予给西班牙人。而格劳秀斯在《海洋自由论》中正是要批驳葡萄牙人以教皇授权的理由对亚洲航海与贸易的垄断权。

五、论战争法(De Indis, sive de jure belli Hispanorum in barbaros, relectio posterior)

"论战争法"是"论印第安人"这一重释的续篇。在这一篇中,维多利亚主要讨论了四个问题:一、基督教是否可以开战;二、宣战或开战的权力在谁的手上;三、正义战争的理由应该是什么;四、在正义战争中,对敌人可以采取哪些广泛的措施,可以如何采取。

(一)基督教是否可以开战

从基督教经典来看,似乎基督徒应当是完全禁止战争的。因为《罗马书》、《马太福音》等都有禁止战争的经文。但是天主教的神学家们都认为基督徒是可以进行战争的。第一点,维多利亚引证了奥古斯丁的论述。第二,他认为根据《罗马书》,基督徒可以拔剑反对内部作奸犯科和暴乱的公民,因此也可以拿起武器反对外部的敌人。第三,按照自然法,基督徒可以参战,因为亚伯拉罕就曾经同四位国王战斗。第四,在防御性战争中,基督徒可以以暴制暴,因此,在进攻性战争中,也可以对做出伤害的人进行报复。第五,在防御性战争中,报复是一种必要,否则敌人还会继续作恶。第六,根据奥古斯丁,战争的目的是和平与安宁,如果不用战争的恐惧将敌人慑服,敌人还会作恶,无法获得安宁。第七,如果不对压迫者、强盗、匪徒进行报复,世界就无法获得幸福,反而会陷入无穷无尽的灾难。第八,有许多圣人的榜样,说明基督徒不仅可以打防御性战争,还可以打报复性的进攻性战争。

维多利亚关于基督徒是否可以开战的论述主要是依据奥古斯丁关于正义战争的定义。奥古斯丁认为:“为了报复遭受到的伤害而发动的战争就被称为正义战争。”因此,基督徒的战争看来似乎都要么是防御性的,要么是以伤害为前提的报复性战争。这是基督教从源头上对战争进行司法化处理。普通的司法行为一般都是以受到伤害为前提,而在基督教传统看来,战争也是一种特殊的司法行为,战争的起因必须以受到伤害为前提。从这里可以看出,基督教对战争问题的思考似乎都是被迫的、不得已的而为之的,它回避了诸如修昔底德为代表的古希腊传统中,对于战争必然性的思考。

(二)宣战或开战的权力在谁的手上?

开战权问题是战争法中一个最重要的问题。维多利亚对开战权的论述,主要有三点:第一,在防御性战争中,任何人,即使是私人也可以接受并参与一场战争。第二,在报复性战争中,应当分私人和国家的不同情形。私人的自卫与报复只能针对“即刻”的危险。而国家则不同,它不仅有权保卫自己,还有权为它的臣民进行报复。

关于什么是国家的问题,维多利亚认为,国家就是一个完善(整全)的共同体(perfecta communitas),它自身是一个完整的整体,不是另外一个共同体的组成部分,拥有自己的法律,自己的会议和官员,例如卡斯蒂尔王国、阿拉贡王国和威尼斯共和国。

第三,君主有权拥有国家的开战权。但是,君主的开战权应当为国家的公共利益,而不应当为了君主个人的荣誉而行使。

(三)正义战争的理由

在对正义战争理由的讨论中,维多利亚依据的是奥古斯丁的正义战争理论,只有一项正当的理由可以开启战争,即遭受到了伤害,并且并非任何程度的伤害都足以成为开启正义战争的理由。像在普通的司法行为中一样,战争这种最为严厉的惩罚方式必须和犯罪者罪行的严重程度相适应。正因为采取了这种司法性正义战争的观点,维多利亚认为帝国的扩张不是正义战争的理由,而且君主个人的荣誉和君主个人的利益也不是战争的理由。此外,宗教也不是正义战争的理由。

（四）在正义战争中可以采取的措施

关于这点,维多利亚总结为五项基本的主张:

1. 在战争中,为保卫公共利益所要求的一切行为都是合法的,因为战争的目的与目标就是为了保卫与保存国家。

2. 在正义战争中,人们可以要回失去的东西,或者要回这些东西的一部分。

3. 从敌人的财产中获得利益,以赔偿战争的费用以及敌人不正当地造成的所有损失,这也是合法的。这点也可以通过司法行为加以理解。在私人债务中,债权人可以从债务人那里获得同其债权相当的财产。而如果有一个称职的法官在交战双方之间裁决,他肯定会谴责不正义的侵略者和不义行为的始作俑者,不仅会归还被他们拿走的财产,还会降战争的费用和在成的一切损失都赔偿给另一方。而进行正义战争的君主就是他自己的法官。这是用司法逻辑来理解战争行为,是罗马私法观念在基督教思考战争问题中的运用。

4. 发动正义战争的君主为了保证和平与安宁,还可以对敌人采取进一步的一切必要措施。例如,构建防御敌人再次进攻的城堡、要塞,要求敌人交出人质,交出船舰、武器等等。

5. 还可以进一步对敌人进行报复。

针对这五点,维多利亚进一步阐释了人们容易产生的两组疑惑。

第一组包含五点疑问,主要是针对正义战争的理由产生的疑惑:

1. 对于正义战争而言,君主自认为拥有一项正义的理由是否就已经足够了? 维多利亚认为,仅仅依据君主自认为拥有正义的理由是不够的,还应当咨询那些善良与智慧的人,咨询那些不带任何愤怒、仇恨和贪婪之心,能够自由发表意见的人。

2. 一般的臣民是否有义务考察战争的理由? (1)如果臣民深信战争是不正义的,他就不应当参战,即便他的君主命令他参战。不过后文他又否定了自己的这个观点,他认为臣民必须服从君主的命令参战。因为他担心在这点上如果采取良心自由的原则,"国家就会陷入极大的危机中,罪恶之门就会被打开"。(2)出席国务会议或者国王的会议的人,有义务考察战争的理由。(3)其他无法出席国务会议或国王的会议的人,没有义务考察战争的理由,可以依赖长官的意见而参加战争。(4)如果战争显而易见地是非正义的,低微的臣民也不得以无知为理由得到宽恕。

3. 当双方都有明显的、有说服力的理由时,该怎么办? (1)占有优先,一方和平地占有领地,他人不得通过战争和武力将其驱逐。(2)如果所争议地区、城市没有合法占有者,例如合法主人去世了,没有继承人,那么,一方想通过分割或其他妥协方式处置,另一方不得反对。(3)即使君主和平占有某地,如果他的权利是由争议的,他应当耐心地倾听另外一方的主张。(4)在仔细审查自己的合法理由之后,合法的占有者没有义务退出占有,仍然可以合法地占有,只要争议存在。

4. 战争是否可能对于双方都是正义的? 这种情况只可能出现在一方是出于不可克服的无知,而另一方是正义的情况下。这种情况在臣民身上经常发生,因为假如有一位君主在明知战争是非正义的情况下，还是发动了战争，而他的臣民参加了战争，那么双方的臣民都是正义的。

5. 由于无知，某人发动了一场非正义的战争，后来意识到战争的非正义性，他是否必须做出相应的赔偿？他必须将他夺走但尚未消费掉的东西归还。

第二组包含九点疑问，主要是针对正义战争中的正当行为而产生的疑问：

1. 在正义战争中，杀害无辜者是否合法？因为正义战争的基础是受到了伤害，而伤害行为不可能是无辜者做出的，因此战争不可以针对他们。并且在国家内部，因为有罪的人犯下的罪行而惩罚无辜者是不合法的，因此针对敌人也是不合法的。而儿童、妇女以及其他平民都是非法的。但是有时候，作为附带的结果，伤害无辜者也是正当的。

2. 掠夺无辜的敌国臣民是否合法？（1）如果无辜的敌国臣民的财产被敌人用来同我们作战，那么夺取这些财产自然是合法的。（2）如果战争能够在不需要掠夺农民和其他无辜民众的情况下足够有效地进行下去，那么他们就不应当被掠夺，并且战争胜利后，战胜者还应当将剩余财产返还给他们。（3）如果敌人拒不交还被他们不正当地夺走的东西，那么受到伤害的一方就可以任意掠夺有罪这和无辜者以使自己活得满足。

3. 如果杀害儿童与其他的人不合法，那么是否允许掳掠他们，将他们变成奴隶？可以掳掠无辜者，是否可以将他们变成奴隶就取决于他们的运气了。萨拉森人的妇女和儿童可以变成奴隶，而基督徒的就不可以。

4. 如果敌人背信弃义，不履行承诺，是否可以杀死从敌人那里得到的人质？如果人质在其他方面是有罪的，如携带了武器，那么就可以合法地处死他们；而如果他们是无辜的，例如是妇女或其他无辜的民众，就不能被杀害。

5. 在正义战争中，将有罪之人赶尽杀绝是否合法？（1）只要战争还在进行，杀死抵抗的人就是合法的。（2）战争胜利后，杀死有罪之人也是合法的，这是出于报复。（3）报复应当和造成的伤害相当。（4）有时候杀死所有的有罪之人都是合法的，尤其是在对不信教者的战争中如此。因为臣民没有义务考察战争的理由，因此当战争中不义一方失败之后，其臣民以及士兵如果不再具有进一步的危险，人们就不可以杀死他们。

6. 杀死投降或俘虏的士兵是否合法，假设他们都是有罪的？上一项论述可证明不可以杀死俘虏。

7. 在正义战争中被夺取的所有东西是否都成为取得者的财产？（1）在正义战阵各种被夺取的所有东西都将成为取得者的财产，但其限度是，只能补足被不正当地夺走的财产数量以及为取回这些财产所花费的费用。（2）按照万民法，被夺走的所有动产都将成为取得者的财产，即使其总量已经超出补偿损失的限度。（3）不可以将一座城市交给士兵蹂躏，如果它并非战争过程的必要，或者是对敌人的威慑，或者作为对部队士气的鼓舞。（4）在战争中，士兵不得劫掠或放火，因为他们并非法官，只是执行的人员。（5）如果是对损害进行赔偿，那么夺取并占有敌人的领土、城堡和城市就是合法的。（6）为了保证安宁，避免敌人再次造成伤害，夺取并占据属于敌人的城堡或城市也是合法的。（7）为了赔偿遭到的伤害，通过报复的方式，依照遭受伤害的方式，割据敌人的一部分领土也是合法的，甚至可以占据敌人的城堡和城市。并且在战争持续的过程中，可以占据敌人很大的领土，当战争结束之后，冲突得到调解，就只能占据一小部分领土。惩罚必须与过错相当。

8. 要求被征服的敌人缴纳贡奉是否合法？毫无疑问是合法的，这种方法不仅可以用来获得对损害的赔偿，还可以作为一项惩罚报复敌人。

9. 推翻敌人的君主、任命新的君主或将王位据为己有是否合法？这些行为应当依据遭受到的伤害而定，有时候会产生充分、合法的理由要求改换君主会夺取主权，这么做要么是因为敌人造成的损害与伤害极其严重、惨无人道，要么就是保证国家安宁的条件。

最后，维多利亚总结出的关于正义战争的三项法则：

1. 假设君主有权开战，他首先也不应当千方百计地寻找战争的机会与理由，而应当（如果可能的话）与所有人和平地生活在一起，正如圣保罗命令我们的那样。

2. 当正义战争爆发，人们参战不应当是为了去毁灭那些反对自己的人，而只能去主张自己的权利，保卫自己的国家，使和平与安宁能够尽早地从战争中产生。

3. 在正义战争取得胜利之后，胜利者应当审慎、像基督徒一样谦卑地利用自己的胜利；胜利者应当自视为两个国家之间的法官，一个国家受到了伤害，而另一个国家犯下了罪行。

通过对维多利亚"论战争法"文本的分析，我们看到近现代国际法中许多关于战争问题的规定，例如宣战权，战争起因，战争过程中的行为，战利品、战俘的分配与处置，领土割据等问题上，维多利亚都做出了论述。维多利亚对这些问题主要是从神法、自然法和罗马法三个方面进行了处理。尤其应当注意到的是，维多利亚对战争问题的论述是由印第安人引出的，这点就暗示了，维多利亚并不认为西班牙人天然就有权对印第安人开战。因此，维多利亚对待美洲印第安人的态度并不是建立在古希腊人的文明与野蛮之间的划分的基础之上。正义的战争是一种司法行为，战争的双方是平等的，战争是为了使受到的伤害获得补偿,实现公平(Princeps qui habet bellumjustumfit iudex hostium)。

六、维多利亚的地位

维多利亚在国际法上的地位是由"论印第安人"与"论战争法"这两篇文章奠定的。但是在20世纪初之前,维多利亚在国际法上的地位并未得到完全确立。因为在18、19世纪,国际法或万民法更多地被视为是一项新教为主导的原则,它更多地从格劳秀斯、普芬道夫和瓦特尔等新教作家的著作中获得灵感,而较少到天主教作家中寻找渊源。这种状况在比利时法学家恩内斯特·尼斯(Ernest Nys)所倡导的天主教自然法传统复兴之后得到改善。他敦促人们应当注意中世纪西班牙神学家们诸如维多利亚、苏亚雷斯等人对于近现代国际法的贡献。尼斯的观点得到了美国学者詹姆斯·司各特(James Brown Scott)的认同与发展,后者同时担任当时美国国务卿鲁特(Elihu Root)的助理。因此,在司各特主编的卡耐基基金国际法丛书中,维多利亚的著作《论印第安人与论战争法》被列为该丛书第一本出版。并且,在许多讲座与著作中,司各特以中世纪西班牙法学家维多利亚、苏亚雷斯为主题,将二者尤其是维多利亚视为近现代国际法的创立者。通过司各特不懈的努力,维多利亚在法学尤其是国际法中的地位与声誉终于得到了复兴。

司各特之后,维多利亚在卡尔·施密特进行的自我辩护中占据了重要的地位。在《大地之法》(*The Nomos of the Earth*)一书中,卡尔·施密特专辟一章论述维多利亚的国际法思想。[①] 施密特尤其强调维多利亚的国际法思想是以中世纪欧洲基督教共同体(Respublica

---

① Carl Schmitt, *The Nomos of the Earth in the International Law of the Jus Publicum Europaeum*, Translated and Annotated by G. L. Ulmen, Telos Press Publishing, 2006,pp.101-125.

Christiana, Res Christiana）概念为背景。例如，维多利亚关于正义战争的思想认为，十字军或天主教会发动的圣战依其本身（*eo ipso*）就是正义的，而无需再区分是进攻性战争还是防御型战争；顽固地破坏教会权威的君主与人民例如犹太人和萨拉森人，他们是永恒的敌人（*hostes perpetui* [perpetual enemies]）。这些表明在维多利亚的国际法-战争法思想中，教会的精神权威依然占据着主导地位。因此，可以说维多利亚的国际法思想依然是中世纪宗教-哲学思想的延续，保留着浓厚的中世纪色彩。

而从16世纪至20世纪国际法-战争法的发展就是逐渐地压制、祛除中世纪以神学-宗教为背景的正当理由（justa causa），在国际法中决定战争是否正义的不再是教会的权威，而是平等的主权国家。调整国家间关系的国际法不再以正当理由为基础，而以平等敌人（justus hostis）的概念为基础。平等的主权国家之间发生的任何战争都是合法的。因此，在施密特看来，从维多利亚到20世纪的国际法思想事实上发生了一场根本性的转折。维多利亚的国际法-正义战争理论是以中世纪欧洲基督教共同体所共同分享的道德-神学为基础，而16-20世纪以来的国际法-战争法思想开始逐渐地强调政治-司法的理由，国际法日渐脱去最初的道德-神学外衣，变得实证化。在更深层次上，国际法思想发生了一场分离，它从以道德-自然法原则为基础的正当理由（*justa causa*）转变成了典型的关于平等敌人（*Justus hostis*）的形式性-司法性问题。作为宗教神学问题之一部分的战争问题退化成一个司法问题。

依照施密特看来，在国际法思想的这场巨大的转折中，法学家贞第利（Gentili）扮演了一场重要的作用。真第利著名的口号："神学家闭嘴！"（*Silete theologi in munere alieno*!）生动形象地标志着神学家退场，正义战争概念司法化的过程。在施密特看来，维多利亚的思想俨然没有贞第利这般“进步”,他的思想依然属于基督教的中世纪时代,而不属于近现代欧洲主权国家的国际法时代。“他(维多利亚)是一名神学家,这不仅仅因为他将犹太人和萨拉森人视为永恒的敌人(hostes perpetui),不仅仅因为在他的“重释”中他始终坚持认为,危害基督教教会的战争依其本身(eo ipso)就是不正义的,而首要的是因为他并未从正当理由偏离,转向讨论平等敌人。”[①] 在施密特看来,维多利亚依然是一位神学家(theologian),从未曾变为一名法学家(jurist)。

与正义战争概念司法化相伴相生的是敌人的概念也被中立化、实证化,敌人的概念脱离了神学-自然法的语境,而成为实证-世俗的概念。敌人不再神学-自然法意义上的死敌。施密特是从其政治神学的立场对维多利亚的国际法-战争法思想进行了解读。虽然施密特对维多利亚国际法-战争法思想的阐释带有一定的自我辩护色彩,但在某种程度上,施密特对维多利亚思想的解读对于“文明冲突”日渐凸显的今天尤其具有启示。

戴鹏飞

2015年1月15日

于上海

中译者附识:本书由英译本译出,英译本选用的是卡内基基金(Carnegie Institution)主持、詹姆斯·斯科特(James Scots)主编的国际法经典丛书(Classics of International Law)的版本。这个版本的英译者是约翰·贝特先生(John Pawley Bate)。

---

① Carl Schmitt, *The Nomos of the Earth*, p. 121.

在翻译与校订的过程中,译者还参考了“剑桥政治思想史丛书”(Cambridge Texts in the History of Political Thoughts)中的英译本(以下简称剑桥本)。剑桥本的编译者为安东尼·帕吉登(Anthony Pagden)和杰里米·劳伦斯(Jeremy Lawrance)。

上述两个英译本参考了不同的拉丁文本,因此,尽管行文文意大部分出入不大,但是在细微之处,还是略有差别。尤其是在文献出处方面,剑桥本更加详尽细致。因此,本文的翻译以卡内基基金版本为底本,并参考剑桥本进行校订,尽量将两个版本中的重大差别,尤其是卡耐基本中文献出处不明朗之处在脚注中标出。

译者水平有限,译文中的疏漏在所难免,望方家及众读者不吝指正。

英译本前言

华盛顿的卡耐基基金（Carnegie Institution of Washington）一直承担着出版重要国际法经典的任务。眼前这本即是其中之一。本书包含从维多利亚的著作《神学重释》（*Relectiones Theologicae*）中抽取出的"论印第安人"（De Indis）和"论战争法"（De Jure Belli）这两个部分。《神学重释》一书1557年作者去世之后才首度出版。本书由恩内斯特·尼斯教授（Professor Ernest Nys）主编并作序。导言以及维多利亚文本的英译工作由约翰·贝特先生（Mr. John Pawley Bate）完成。

维多利亚著作（包括其中涉及国际法的部分）版本众多，但都不尽如人意。因此，对于"论印第安人"和"论战争法"有必要提供一个修订与批判的版本。这项工作由美国天主教大学的拉丁语讲师赫伯特·怀特博士（Dr. Herbert Francis Wright）完成。这就是展现在我们眼前的这本《论印第安人与论战争法》。

在导言中，尼斯教授已经充分地证明了把维多利亚的著作收录进卡内基基金国际法丛书的理由。然而，作为整套丛书的主编，鄙人还是不愿意错过称颂这位心胸宽广、心地善良的多明我修士的机会。维多利亚是名副其实的国际法奠基人之一，本书中收集的这两篇文论，用修昔底德的话来说可谓是国际法学者永恒的宝藏。然而，不幸的是，奠定维多利亚国际法之父地位的这些著作是由他的一个学生匆匆记录下来，并在维多利亚死后才出版，因此未能得到维多利亚本人的修订，只能以十分简略的形式出版。不过，这也足以表明，国际法并非当下我们这一代人才急需的事物，也并不仅仅是在海牙的会议上才被人讨论的事物，它更不是格劳秀斯的造物，相反，国际法体系几乎和新世界一样的古老。

重印国际法经典的一个原因是为了使人们在科学研究中能够更加便捷地引用这些文本。人们往往搜遍美国的各大图书馆都很难找到几本这些早期的经典著作。另外一个原因是，这套丛书列选的许多经典著作在此之前都未被译成英文。因此，美国的国际法学者在征引这些公认的国际法权威时就往往处于劣势。他们发现，除非对于受过专业训练的拉丁语学者，这些著作都宛若天书。因此，美国的国际法学者不得不依赖国际法论文中征引的一些简要的论述和注释，或者只能到欧洲的图书馆去查考一二，而那是颇费车舟的一件事。对于国际法方面的专家们尚且如此，而普通读者则完全无法了解早期这些国际法方面著作中所包含的道理。类似的这些不便在拉丁美洲、日本乃至在欧洲一些国家也都不同程度地存在着。欧洲和美国许多杰出的国际法学者对于重新出版这些国际法经典的意义都给出过宝贵的意见，他们也鼎力支持这项计划，并且每个人都给予了积极的合作。本丛书中所列选的这些经典著作，许多都是由他们建议并主编的。因此，这套丛书的选编不仅在学科范围、在列选和编译各个方面都是国际性合作的结果。

本套丛书的选编原则是重新出版那些有助于国际法起源和发展的经典著作。并且，经典一词我们也取其广义而非狭义，以免任何曾经推动过国际法起源和发展的著作被遗漏掉。在本套丛书中，格劳秀斯的著作无疑是重中之重，不过他之前与之后那些重要的先行者和后继者们的著作也同样被收录其中。每位作者的著作都将以影印(photographically)的形式被重印。这么做的目的是为了保证将这些经典著作原封不动地呈现给读者,避免重新打印过程中造成的错误。对于那些早期的作者,在影印文本之外如有必要还会提供一个修订文本。每一部著作之前后会有一篇序言,介绍必要的作者生平,论述文本的重要性及其在国际法中的地位。此外,还会添加勘误表。每一部著作的编译者还会视情形需要增添一些注释,对一些值得疑惑或含混不清之处进行解释,或者修正其中一些错误之处。我们会注意作者有生之年出版过的不同版本,但几乎不会对这些历史版本的意义进行评述。

我们期望这套丛书不仅能嘉惠于国际法方面的专家学者,同时对普通读者亦能有所助益,帮助他们了解国际法是如何从微弱、不自觉的发端处发展成今日的鸿篇巨制。同时,我们也期待这套书能帮助人们在一定程度上预见国际法发展的未来。诚如米拉波(Mirabeau)所言,有朝一日,国际法将统治世界。

丛书主编

詹姆斯·斯科特(JamesBrownScott)

1917年2月19日

于华盛顿

英译本导言

恩内斯特·尼斯（Ernest Nys）
由约翰·贝特（John Pawley Bate）从法文译为英文

一、

哲学史大师罗伯特·弗林特（Robert Flint）曾经评论道，事实上只是到相当晚近的时期，任何一门学科才从各个邻近的知识领域中分离出来，并陆续地取得独立的地位。套用弗林特的说法，在17世纪早期，国际法（Law of Nations）才以这种方式建立起来，成为一个独立的领域。正如弗林特所言，被誉为一门学科创始人的那些天才作家们，他们的任务只是把既有的的各个要素组合在一起，他们把各个分离的部分（disjecta membra）组合起来，并赋予其生命。这就是格劳秀斯（Hugo Grotius）的工作，就是其著作《战争与和平法》（*De jure belli ac pacis*, Paris, 1625）所达到的效果。这位举世闻名的学者也有许多前驱，但是应当说，他们谁都没能像格劳秀斯一样完整地思考这一主题。他们各自只局限于论述其中的某一方面，例如有些人专门研究了战争法，有些人研究了关于大使的法律，还有为数甚少的一些人则致力于研究战争状态下的海战问题。此外，在卷帙浩繁的著作中，这些神学家、教会法学家和罗马法学家们还就战争的正义性、敌人财产的获取、战俘的命运以及其他一些同政治体相伴而生的问题发表了意见。同样必须牢记于心的是，自十一、十二世纪起，这些欧洲的天才们所展示的是一个由许多共和国（republics）、公国（principalities）和王国（kingdoms）组成的联合体，它是国际社会的前身。毫无疑问，构成国际法的这些要素从古代希腊、罗马，从拜占庭的制度，从阿拉伯 - 柏柏尔苏丹沿着北非海岸所建立的制度中，从西班牙摩尔人建立的王国中借鉴而来。但是，它们被赋予了新的情感，并朝向政治自由的方向生成转化。这个联合体的各个成员通过宗教的纽带联系在一起，他们拥有共同的信仰，不同的语言也并没有将他们严重地区隔开来。至少，拉丁语这一教会的语言对于他们而言是共通的。他们相互之间承认一定的平等，或至少谁都不会自称有权管制和统治对方。有一个名词恰切地概括了这一多样的联合体，即基督教共和国（Respublica christiana, Reschristiana）。在理论上，罗马法学家们无疑都将古代法学家们授予罗马皇帝的诸项权利赋予给了经选举而出的神圣罗马帝国皇帝身上。然而，这些只不过是大而无当的空洞言辞，实际上并不能导致重大的后果。甚而，即便是作为大而无当的理论，它们也只延续到 15 世纪的前半叶。在 14 世纪行将结束之时，法国的国王们宣布完全的独立。在英格兰，对帝国的附属关系也被否决了，英格兰国王爱德华二世宣布："英格兰王国不再是帝国的附属，拥有绝对的自由（*Regnum Angliae ab omni subjectione imperiali esseliberrimum*）。"帝国的主张同样也被西班牙拒绝了。

基督教共和国由许多成员组成。不论其独立的程度，其总数大约在 2000。这意味着，在它们中主张最高权威是极其困难甚至不可能的。因为，一旦有人试图获得排他性的统治，被压迫的一方立马就会组成联盟，以摧毁或削弱压迫者。再者，不应当高估帝国、各个王国、共和国和公国的实力。我们缺乏准确的数字，但是粗略估算下来，在 1480 年，欧洲的人口差不多 50,000,000 略出头，法兰西的人口大约在 12,500,000，意大利的人口略少于 9,000,000，西班牙的人口差不多在 9,000,000 人，英格兰的人口大约为 3,700,000 人。

在十三、十四世纪，国际（如果我们如此名之的话）问题的最初引入就受到浸淫于罗马法传统的法学家们的批判，他们认为这是一个巨大的颠覆。在他们的体系中，各个不同的民族（peoples）只是“罗马帝国的各个组成部分”（*sectiones Romani Imperii*）。对罗马人来说，“万民法”（Jus Gentium）这个词在广义上指的是所有文明人类共有的法律，既包括公法也包括私法；在狭义上指的是，用于调整罗马人民这一整体同其他所有外国人之间关系的原则。[①] 法学家们已经证明，狭义上的万民法是如何导致不同民族的产生，并最终导致各个王国的建立，导致各个政治共同体之间的相互交流以及最终导致战争。在十三、四世纪，评注法学家和注释法学家们都支持神圣罗马帝国的主张，他们认为，万民法的观念会导致形成不同的民族，导致大一统的解体。在他们看来，国际法（Law of Nations）是一种耻辱。在阿库西乌斯（Accusius）的评注中，国际法似乎只是人为的产物。“据说他们需要立法（statute），因此，他们就制定了大量的法律，在战争与俘虏方面尤其如此，他们将之统称为国际法。”

因此，当时的政论家们将不同民族间适用的法律、欧洲公法、国际法称为万民法。而在中世纪，它作为一门独立的学科还未出现。不过，正如我们所见，神学家、教会法学者和政论家们已经在讨论一些尤其涉及交战关系的问题。必须明确指出的是，当时的战争是极其频繁的，并且它们并不仅限于政治共同体之间或君主之间的战争。在遥远的中世纪，危害最大的战争是所谓的私战（Faustrecht, *Faida*）；

---

① Alphonse Rivier, *Principes du droit des gens*（Paris, 1896），vol. I, p. 5.

概括地说，人们认为，所有自由人都有权利攻击对自己造成伤害的人，为了寻求正义将整个家族卷入仇恨争斗中。教会竭尽所能地同这些令人厌恶的私战斗争。教会法令集中关于使用武力的条款以及宗教大会颁布的教会教义或者教皇颁布的教令所涉及的都是私战而不是公战（public warfare）。这也就是为什么学者们要不厌其烦地争论上帝命令休战（the truce of God, *Treuga Dei*）的规则是否适用于公战。在大部分国家中，无论中央权威多么软弱无能，它都会尽其所能地消除由私战带来的灾难，要求私战必须遵守某些条件，或者减少要求进行私战的权利名目，或者强制使某些私战延期。与此同时，学者们也在进行相应的努力，神学家们、教会法学家们和罗马法学者们都有一个共同的目标，将宣战的权利交给君主，交给政治共同体的首领。

在这些问题上产生过持续而良好影响的两位作家分别是格拉提安（Gratian）和托马斯·阿奎那（St. Thomas Aquinas）。格拉提安在博洛尼亚任教，在1239年和1150年期间内，他曾编撰过一册集子，用于教授教会法，这就是《不和谐之教会法的和谐》（*Concordia canonum discordantium*），后世俗称为的《教令集》。格拉提安声明自己是教廷的支持者，这样他就在基督教会内获得了大量的支持者，他们传播他的《教令集》，用它作为教学手册，并对它进行评注。为了说明《教令集》的重要性，只要回想一下它曾经有过多少手抄本，而在印刷术被发明之后，又翻印了多少版本就足够了。1471年，《教令集》的第一个印刷版本出现于斯特拉斯堡，而从这一天起直到1500年，就已经重印达39版之多。在《教令集》第二部分的第二十三条中，格拉提安讨论了战争。他提出了八个问题。他承认战争可以是合法的，但他严格地规定了战争合法的条件。战争必须是出于必需。并且，在他所描述的战争情形下，战争行动不得基于贪婪，也不得过于残暴。战争的目的必须是为了确保和平。

在有关战争方面,托马斯·阿奎那同样也产生过非凡的影响力。他曾在巴黎、科隆、罗马以及意大利其他许多城市任教。1274 年,他曾被任命去参与组织一次大公会议。会议在里昂举行。不过,那年3 月 7 日,在去往里昂的旅途中,在特拉契纳主教教区的一次会议上,他就不幸离世了,享年 48 岁。

托马斯·阿奎那的杰出著作是《神学大全》(*Summa totius theologiae*)。这部著作他于 1265 年就开始写作,并耗尽了他一生中最后 9 年的时光。圣托马斯在第二编(Secunda secundae)的第 40 个问题中处理了战争法问题。在四篇文章中,他相应地回答了以下问题:"战争是否都是罪恶?教士和主教进行战争是否合法?在战争中设埋伏是否合法?在节日期间进行战斗是否合法?"毫无疑问,在回答这些问题的字里行间,作者无不展现了他的审慎、人道和富于和解的精神。他所使用的许多词句已经成为格言警句,在接下来的几个世纪中,不断地出现在论述战争法问题的作家们的笔下。

有一位作者曾经正当地评价过托马斯·阿奎那。他说:"他并不是以革新者的面貌出现在历史上。他并不是一项新理论的首创者,这项新的理论能够吸引来无数热情的追随者,同时也会招致无情的敌意。在我看来,他的工作和使命毋宁是进行总结与协调,以极大的审慎与非凡的才智、逻辑与智慧将他那个时代流传最广泛或至少是最有力的理论协调一致。这项工作完成得如此完美,将它们形成一个和谐的整体,能够用于传道授业。因为,在他的著作中,人们总是能够找到这位导师。"①

阿奎那的影响在很大程度上应归功于他属于由圣多明我·古兹

---

① H. R. Feugueray, *Essai sur les doctrines politiques* de St. Thomas d'Aquin, précédé d'une notice sur la vie et les ecrits de l'auteur par M. Buchez (Paris, 1857), p. 8.

曼(St. Dominic Guzman)建立的多明我修会这一事实。承认这点丝毫不会贬损圣托马斯·阿奎那的个人声誉。1205年,古兹曼开始在朗格多克布道,反对阿尔比派教义(Albigenses),但是使人们改宗的工作(所谓"神圣的布道")几乎没有带来什么结果。许多年以后,他在图卢兹创立了一个布道的机构。这就是那个在未来几个世纪中注定要传遍整个世界的组织的萌芽时刻。1215年,他得到了主教的智慧。由于在同一年举行的宗教会议禁止创立新的修会,因此他无法获得英诺森三世的支持;不过在1216年,他得到了霍诺留斯三世的许可。当时,修士传道会(Order of Friars Preachers)由17名成员组成。到1221年圣多明我去世时,这个组织已经繁荣起来,在基督教的各个国家中有60所修院,超过500名修士。只是到格里高利九世统治教会时也即从1227年到1241年,多明我修会才被授予审查异端的宗教司法权,成为教廷的代理人和主教的助理。①

1219年,霍诺留斯三世,在为新的修会提出建议时,唯一地提到了修会成员所接受的布道。为信仰进行布道需要理论上的准备,因此研习被认为是一项义务。一位作者写道:"多明我修士必须在所有事情上都有所专长,这样才能有助于批驳异端,捍卫信仰。他们可以再自身体制设定的限度内研究形而上学。应当禁止他们从事一些古怪的研究,禁止他们研究炼金术。道德、神学和彼得·伦巴德(Peter Lombard)的《嘉言录》(*Liber sententiarum*)(一部卷帙浩繁的神学百科全书)的应当优先于哲学。因此,缺乏彻底的逻辑知识就无法对神学进行研究。"②

我们这个时代的一位多明我修会修士恰当地评价了多明我修

① Th. de Cauzons, *Histoire de l'Inquisition en France*, vol. I (Paris, 1909), p. 429.

② Charles Thurot, *De l'organisation de l'enseignement dans l'Université de Paris au moyen âge* (Paris, 1850), p.115.

会的价值。他说:“根据多明我修会的体制,从事研究是修会的一项重要义务,是一项普遍、必要和永恒的功能。即便没有必要像著名的红衣主教卡杰坦(Cajetan)那样认为,每个多明我修士每天没有花四个小时从事研究学习就犯了道德上的罪。然而,可以肯定的是,没有使自己忙于理智研究工作的多明我修士便是没有尽到应有的义务,是对修会会规的严重违背。”①

自然,多明我修士最喜爱的一本著作便是《神学大全》。因为该书的作者既是教会值得骄傲的人物,同时更是多明我修会引以为傲的人物。因此,圣•托马斯所教导的教义便被广泛而深远地传播开去。

14 世纪后半叶,开始出现一些著作,这些著作的作者致力于阐述的某些问题已然构成了今天国际法的组成部分。在这些保存至今的历史悠久的著作中,我们可以提到博洛尼亚的教授乔安尼斯•德•列纳诺(Joannes de Legnano,1383 年死于博洛尼亚)的论著《论战争》(*De bello*)。这位作者曾经多次肩负起外交使命。同时,他也忙于研究法律、神学、哲学、道德和占星术。②在占星术方面,作者在书中的苦思冥想十分引人入胜,不过其中也并没有什么震撼其时代的东西。另一部著作是博内(Honoré Bonet)的《战争之树》(*l'Arbre desbatailles*)作者生于普罗旺斯,是本尼狄克修会的一员。1368 年,当时他正 35 岁,他去到了罗马。1382 年,他被授予了恩波利(Embrury)主教教区瑟罗内(Selonnet)的圣俸。之后,我们在阿维农大学看到了他的名字,在那他成为了教令集博士。他的著作大约创作于 1384 年。其中的一部分讨论的是战争法。在第 132 章,作者讨论了战争

① D. A. Mortier, of the Friars Preachers, *Histoire des maîtres généraux de l'Ordre des Frères Prêcheurs, vol.* I(Paris, 1903), p. 63.

② Thomas Erskine Holland, *Studies in international law*(Oxford, 1898), p. 44.

的起源，反对异教徒的战争的合法性，论述了皇帝、教皇和国王各自对于战争拥有的权利，探讨了关于从敌人缴获的物品的问题、俘虏的赎金以及其他一些类似的问题。这些引人入胜而饶有趣味的文字充满了高贵的情感。

我们应该注意到，克里斯蒂亚·德·皮松在其著作《论战士与骑士的行为》（*Traité des faits d'armes et de chevalerie*）利用了瑟罗内修道院院长的著作。博内和皮松都并非毫无影响。《战争之树》事实上曾经出过豪华的手抄本，出现在许多国王的书架上。而在印刷术出现之后，它还被出版了好多个版本。克里斯蒂亚·德·皮松的著作也获得过差不多的荣誉。

格劳秀斯为我们提供了一些作者的名字。他提到过许多特别的著作，“它们有些由神学家创作，例如弗朗西斯科·德·维多利亚（Franciscus de Victoria）、亨利库斯·德·戈库姆（Henricus de Gorcum）、威廉姆斯·马太（Wilhelmus Matthaei）以及乔安内斯·德·迦太基（Joannes de Carthagena）的作品；有些由法学家创作，例如乔安内斯·洛佩兹（Joannes Lopez）、弗朗西斯科·阿里亚斯（Franciscus Arias）、乔安内斯·德·列纳诺（Joannes deLegnano）和洛迪的马丁（Martin of Lodi）的著作。”他批评这些作者缺乏章法，也不够准确，尤其是忽略了历史。他意识到，圣约维斯的彼得（Peter du Faur de Saint Jovis）的著作《决议汇编》（*Semestria*）的某些章节能够弥补所缺乏的东西。而另外有两位作者的著作也有异曲同工之妙，它们都提出更加充分阐释的定义，并用作者收集的许多历史事例证实了抽象的理论。他说：“我指的是巴萨扎尔·阿亚拉和阿尔贝里克·真第利，尤其是后者。不得不承认，我从他们的著作中获得了不少帮助，并且我认为其他人也会从中获益匪浅。”除了这些评论之外，格劳秀斯还提供了一些隐含的信息，可以推断出，他曾经向哪些作者求教过关于自然法和万民法的知识，这其中包括古典时期的作家、教会的教父、经院学者，“这些人都经常展现非凡的天才”。此外，还有法学家，他们对罗马法有着独到的研究。在这些法学家中，他提及了伊内里乌斯（Irnerius）及其继承者，“诸如阿库西乌斯（Accursius）、巴托鲁斯（Bartolus）和其他一大批长久以来一直都被认为是法学界权威的人士”。此外，还有那些集文艺追求和法学研究于一身的作者们。他同时还暗指了阿尔西亚提（Alciati）和他的学生，并提到了科瓦鲁维阿斯（Covarruvias）、巴斯克斯（Vasquez）、博丹和欧特曼（Hotman）的名字。在所有这些被提及的作家中，有一个人的名字有误，三十年后才得以纠正，他就是威廉姆斯·马太（Wilhelmus Matthaei）。他的真实姓名是威廉姆斯·马提亚（Wilhelmus Mathiae），1514 年在安特卫普出版的《论合法与正当的战争》（*Libellus de bello justo et licito*）一书的作者。

在这些名字中，我们注意到了弗朗西斯科·德·维多利亚，本文的主人公。格劳秀斯不仅只在《战争与和平法》（*De jure belli ac pacis libri ires*）一书中提到了他，在此前 1604 年写就的《捕获法》（*Dejure praedae commentarius*）一书中也曾多次提及维多利亚。不过，该书于 1868 年才在哈马克尔（Hamaker）教授的关注下得以出版。

在弗朗西斯科·德·维多利亚之前，战争法已经成为西班牙学者们研究的对象了。在国际法这门学科尚未萌芽之际，我们发现 596 年到 636 年的塞维利亚主教圣伊斯多尔（St. Isidore），在其著作《词源考》（*Etymologiae*）一书中插入了关于万民法（jus gentium）的定义，或者说描述了万民法，而这一定义已经和现代的概念极其相近了。根据海因里希·德克森（Heinrich Dirksen）的看法，伊斯多尔的定义从乌尔比安（Ulpian）的法学阶梯（Institute）中关于自然法（jus natural）、民法（jus civile）和公法（jus publicum）的概念中借鉴良多；

而在法学阶梯中战争法（jus militare）和万民法（jus gentium）被并列在一起得到论述。伊斯多尔的万民法几乎准确地对应于我们的国际法，而与其并列在一起的就是战争法，指的是包含关于战争的法律。关于万民法和战争法的论述见诸《词源考》一书的第五卷；在第十八卷中，作者又讨论了战争问题，并将之划分为许多个种类。此外，还有一点更有助于说明这位博学的主教对战争法的讨论的特殊重要性。在12世纪，格拉提安把伊斯多尔关于战争法的这些论述连同其它一些文字都收进了自己编的书中。而《教令集》在未来数个世纪中一直都是人们讨论与评注的对象，并且它至今仍然是教会法大全（Corpus Juris Canonici）的重要组成部分，因此，伊斯多尔关于战争法的论述不论在教学还是教义中都占据着举足轻重的地位。

我们必须提及佩纳福特（Peñafort）的圣雷蒙德（St. Raymond）。此君于1175至1185年间生于加泰罗尼亚的佩纳福特城堡中，求学于博洛尼亚大学，在此获得了法学博士学位，并于1216年至1219年间在此任教。回到西班牙后，他被任命为巴萨罗那大教堂教士（canon），1222年加入了多明我修会。随后，他被格里高利九世召至罗马，将早期的教会法汇编和格里高利九世教皇期间的教令编撰成新的教会法汇编。1238年，他被选举为多明我修会的会首（general），不过担任了两年之后就辞职了。此后，他再度回到家乡，并为了信仰的统一而同异教徒、犹太人和穆斯林展开斗争。他自己大力提倡学习东方语言，尤其致力于培养能够传播基督教信仰的修士。他死于1275年。除了格里高利九世的教令汇编之外，佩纳福特的圣雷蒙德创作了《反省大全》（*Summa poenitentiae*），在这本书中，有关于战争法的问题尤其得到了探讨。

接下来要介绍的这本书是法律科学上的一座丰碑。同样，这本书由于其所涉及主题之宽广，其条陈论断可谓之早慧早熟（放在当时的环境下,该书确实可以说是远远地超越了时代),而足以被誉为奇书。这就是卡斯蒂尔(Castile)国王阿方索十世(King Alfonso X)的《七编》(Las siete partidas),其合作编者还有贾孔姆·瑞兹(Jacome Ruiz)、费尔南多·马丁内斯(Fernando Martinez)和罗度姆(Roldum)。《七编》讨论了教会法、政治学、立法、程序和刑法。有关战争的法律得到了极其细致详尽的论述。在第二编中,有些章节讨论了军事组织和战争。关于战争的规定,大部分都是从我们上面刚刚讨论过的塞维利亚的圣伊斯多尔的《词源考》一书中借用而来,而在许多方面其所受的穆斯林人法律的影响也是十分明显的。海事法同样也涉及到了。该书从1256年开始编撰,共花了7年方始完成。

在此还应当提及西班牙众多伟大的神学家之一,他的作品包含了关于战争以及教会法中对战争相关规定的思考。他就是阿方索·托斯塔多(Alfonso Tostado)。此君1400年生于卡斯蒂尔,极有可能在萨拉曼卡大学求学过,并成为一名出众的神学家和教会法学家。他后来成为阿维拉(Avila)的主教,并参与了巴塞尔大公会议的工作。1455年去世。托斯塔多著作的1596年版本共有对开本23卷,第一卷的卷首是对作者的颂扬:他是"一名哲学家、神学家,无论在教会法还是帝国法律方面都有着渊博的学识,并擅长希腊文和希伯来文。"而序言中还说到该书作者精通数学和地理学。因此,该书的一些论断是颇值得引用的。他告诉我们:"正义战争是一种合法的执行行为(*Bellumjustum est justitiae executio*)。"按照他的教诲,"无论根据神法还是万民法,在正义战争中,捕获者所能获得的一切都将成为捕获者的财产,并且杀戮也是正义的;但是非正义的战争就无异于公开的抢劫。"他还认为,"在正义的战争中,对待敌人可以无所不用其极,除非有悖真理。""为受到的伤害伸张昭雪、为了夺回财产或为了补偿受到的不公待遇而发动的战争都是合法的。而战争一旦发动,除非不公的待遇、被劫夺的财产和花费的费用得到偿报,战争都可以一直持续下去。”在此必须指出,作者所指的不仅仅是公战,同时还包括按照国家确定下来的法律规则而发动的私战。此外,我们还应当注意到,阿方索·托斯塔多在其著作中始终坚持,大公会议是比教皇更高的权威。

我们还应当提到维拉迭戈(Villadiego)的龚萨尔沃(Gonsalvo)。他生于维拉迭戈的伯格斯主教教区,在萨拉曼卡求学,并获得法学博士学位,后来成为一名教师。

1476年成为托莱多(Toledo)大教堂教士后,他被费尔南德和伊莎贝拉任命担任罗马天主教最高法庭(Roman Rota)负责西班牙事务的“法官”("auditor")。在被擢升为奥维多(Oviedo)大主教一职之后不久他就在罗马去世了。他著有《论连奏》(*Tractatus de legato*)。

乔安内斯·卢普斯((Joannes Lupus),也即胡安·洛佩兹(Juan Lopez)是塞戈维亚(Segovia)本地人。关于他,我们也掌握了一些信息。我们知道他去过罗马,并被囚禁在圣安杰罗城堡(Castello del Sant' Angelo),但是我们并不了解他被拘禁的原因何在。在弗朗西斯科·兹乐蒂(FrancescoZiletti)的著作《论普世法》(*Tractatus universi juris*)第十三卷第一篇第一页中记载了一封信。这封信写于1491年9月教皇历第一日(calends)的前六天。这封信是乔安内斯·卢普斯在塞纳写的, Sedis Apostolicae protonotarius et Segobiensisdecanus。洛佩兹是塞纳枢机主教(皮克洛米尼红衣主教即后来的庇护三世)的代牧,1496年死于罗马。其著作之一《论婚姻与合法性》(*Dematrimonio et legitimatione*)始于在圣安杰罗城堡期间,1478年11月教皇历第一日的前六天。他还有另外两本著作:《论联盟的原则》(*De confoederatione principum*)和《论战争与战争事务》(*De bello et bellatoribus*)。

我们同时还有提到,弗朗西斯科·阿里亚斯·德·巴尔德拉斯

（Franciscus Arias de Valderas），列昂（Leon）古王国本地人。大约在1530年，他是博洛尼亚大学西班牙学院的成员之一。1532年，在罗马他提交了一篇论文，1533年经过少量的扩充之后在基督教世界的首都出版了。这本书名为《论战争与司法》（*De bello et ejus Justitia*）。阿里亚斯热爱和平，但是必须很不幸地说，他承认，对异端的迫害是正当的，并且为此他援引了耶稣将放高利贷者驱逐出教会的事例作为佐证。

二、

在人类的历史上，再没有哪个时期像15世纪末16世纪初那光辉灿烂的几十年那么重要了。当时发生的一件历史事件，其重要性再如何夸大都不足为过。这就是新世界的发现，换言之它为人类的活动提供了一大片新天地，并且将整个地球都囊括进人类政治活动的范围之内。首先是克里斯托弗·哥伦布无畏的航行发现了当时还不为人知的领地；其次是不时传来西班牙征服者不断斗争，并征服许多地大物博、遍地黄金的国家的消息。当这些消息先后传到基督教共和国（respublica christiana）汇聚的欧洲，传到那些国家中时，难以想象这些消息对人们想象力造成的冲击是多么巨大。葡萄牙人发现通过好望角抵达亚洲的水路在重要性方面也丝毫不逊色，同样对人们的想象力造成强大的冲击。在这些重要的历史事件之外，还有一件事值得一提，这就是在发现新大陆之前三四十年前印刷术的发明。它为人们的交流协作提供了便利的手段，确保了作品的流通与传播。人们是否有必要回想起，大约在同一时期，伟大的文艺复兴运动也正在发生。通过这一运动，有教养的学者们再一次地发现了古典时期的美。仅就西班牙而言，学者们同样可以发现复苏的新鲜气息：作为基督徒，他们看到十字架战胜了新月；作为西班牙人，他们目睹了战争的大获全胜，一举结束了先辈们几个世纪以来对摩尔人进行的战争。

这个重大的历史时期就是本文的主人公弗朗西斯科·德·维多利亚生活的背景。本文以下将讨论维多利亚的生平与著作。

弗朗西斯科·德·维多利亚的姓来自阿拉巴（Alava）最大的城市维多利亚。这是维多利亚出生的地方。有些作者认为维多利亚出生于1480年，而另外一些作者则认为他出生在15世纪前十年间。在维多利亚还是孩童时，他的父母就移居到伯格斯（Burgos）去了，在那里他接受了最初的启蒙教育。方年少时，在伯格斯的圣帕布洛（San Pablo）会议上他就接受了多明我仪式。圣帕布洛是卡斯蒂尔地区三大多明我修道院之一。他之所以这样做是在效仿其兄长，其兄很早以前就已经成为多明我修会的一员。在结束了作为修士的见习期之后，弗朗西斯科·德·维多利亚被他的上级派往巴黎。在那，多明我修会有一所学院。早在1218年8月6日多明我修会修士就已经开始在一所专为贫苦的外国人设立的救济所中培训修士。这间救济所是由圣昆丁（St. Quentin）的教长、国王的牧师让·德·巴拉斯特勒（Jean de Barastre）设立。1221年1月3日，这间救济所就由多明我修会单独所有。圣雅克救济所不久之后就要求获准被纳入大学，而关于授课和学位方面的协议也很快就达成了。不过，我们注意到，这份协议不断地产生冲突纠纷。值得提醒读者的是，这里正是法国大革命期间雅各宾派（Jacobins）聚会的地方，他们之所以被称为雅各宾派，也正是由于其聚会地点在雅阁救济所。

在巴黎，弗朗西斯科·德·维多利亚其中一位老师是彼得·克罗克卡尔特（Peter Crockaert）即佩特鲁斯·德·布鲁赛里斯（Petrus de Bruxellis）。1460年他生于布鲁塞尔，期初是苏格兰人约翰·梅尔坚定的学生，并且和他老师一样是一名唯名论者。1503 年，他成为多明我修士，并对圣托马斯·阿奎那爆发出强烈的激情。在他的一本书中，他讨论了关于亚里士多德逻辑学的问题，并在触及到经院哲学中的天使理论的一个要点时，自认为是 Divi Thomae doctrinae interpres et propugnatoracerrimus。同样，弗朗西斯科·德·维多利亚和这位比利时神学家也有许多酷似之处。因为，1512 年，他出版了一本著作，这是一本对圣托马斯《神学大全》（Secunda Secundae）进行评注的作品。克罗克卡尔特在已经是《嘉言录》（*Sententiae*）讲师的情况下获得了学士学位，并在 1510 年获得硕士学历（licentiate）。他于 1514 年去世。

弗朗西斯科·德·维多利亚的价值也在不断被认可。1513 年，他被在日内瓦举行的多明我修会总会（general chapter）授予学位。两年之后，他又被在那不勒斯召开的多明我总会授予彼得·伦巴德的《嘉言录》（*Libri sententiarum*）的讲席教授。1520 年，他进入了索邦神学院，1521 年 3 月 24 日，他获得了神学硕士学位。

在对西班牙法进行研究的著作中，爱都阿多·德·希诺约萨（Eduardo de Hinojosa）写道，如果西班牙在弗朗西斯科·德·维多利亚之前也有过著名的神学家，那么毫无疑问，正是由于维多利亚，西班牙的神学才得以复兴。毫无疑问，弗朗西斯科·德·维多利亚不仅极大地促进了他所选择的学科的发展，同时他还赋予其新的特点，不断修饰、扩大它。正是由于他，大部分西班牙神学家们都放弃了先辈们错误、粗陋和野蛮研究方式。同样，也正是由于他，其他学科也开始引用神学方面的研究。因此，在涉及印第安人的权利和战争法方面的讲座上，这些问题并没有被当成纯粹的理智游戏，被当作练习反驳、驳斥能力的机会，而是被看成涉及实际与现实利益的问题，被当作会引起重大后果的问题。这些问题的解决对所有人的心灵都将产生影响,因为实际上对这些问题的解决会导致极其严重的后果。此外,这位著名的政论家并不满足于虚荣地展示才智,而是满怀慷慨与善良之心,因此他的教诲中充满了最高贵的情感。

许多论者将维多利亚的才华归功于巴黎大学,认为他仅仅是在巴黎大学接受了一些理论,并将之在西班牙传播。能对这种解释感到满意的人一定对16世纪初法国首都的教育状况极度无知,他们一定不知道,无论是对创新的热爱之情还是甚至单纯的好奇之心都已经无法对巴黎大学的大部分老师产生丝毫的影响,对他们来说,科学仅仅停留在无止境的言辞、文字之争。我们并不是要因为巴黎大学曾经反对过路德的教义,曾经谴责过路德的言论,我们才如此评价巴黎大学,我们对它丝毫没有贬损之心。其他大学同样也批驳过路德。再者,宗教改革者本身是对现存教会体制的威胁,他也已经预料到会遭到严厉的攻击。但是,即便是在正统教会内部,我们也有必要指出,人们也往往鄙视那些浸淫在过去的理论就是最高智慧的人。15世纪末,伊拉斯谟在巴黎生活,他亲眼目睹了这些大师们。因此,他能自信地对这些大师们作出了确切的评判。他对他们的评价是:“世上还有谁的头脑会比这些神学大师们更加愚笨?据我所知,世上再没有什么比他们的言辞更加野蛮,比他们的理解力更加粗陋,比他们的教诲更加尖锐,比他们的讨论更加粗暴。”路易·德拉鲁勒(Louis Delaruelle)写道:“在1500年,巴黎大学无论在组织还是在教学方法上都和一个世纪前没什么两样。在中世纪,它一直以来都是培训神学家的有力机器。在那儿,所有的事情都必须服从于这一目标。文学研究完全只局限于语法,把文艺贬低成最低劣的知识。逻辑学一直都是科学中的科学,学者们却仍然爱好争辩甚于任何更加深入的研究。”

1527年,皮埃尔·德·拉·拉梅尔(Pierre de la Ramée),又名拉

姆斯(Ramus),在巴黎大学求学。后来,他写道:"当我来到巴黎时,我就落入智术师们深奥琐碎之中。老师们通过提问与辩论教导我自由技艺,而不告诉我它们本身有任何益处与用处。"① 为了表明这种教学方法的危害性,我们必须指出,在这里争辩就是一切。1531年,胡安·路易斯·万威(Juan Luis Vivès)写道:"就连饭后都有辩论。有公开的辩论还有私下的辩论,无论何时何地都有辩论。各个学院的管理员在每个周六都要举行辩论,他要轮流担任'正方'(respondens)和'反方'(opponens)。"我们上文已经引用过的拉姆斯做了更加细致入微的描述。"当时我相信——学者必须有所信念(亚里士多德如是说)——我没有必要自寻烦恼,要探求事物的本质或者逻辑的目的,唯一要做的事情就是论证自己的主张,提出自己的辩驳。因此,我不断地争辩,竭尽全力地论争咆哮。如果当前所要做的事情是在课堂上捍卫范畴篇中的某个主题,那么我相信,我绝对不能屈服于我的对手,即便他百般有理也要找出一些微不足道、细枝末节的区别,以便混淆整个讨论。如果正好相反,我是要攻击某项主题,那么我所有的精力与努力不是用于启发我的对手,而是要通过一些论点(不论对错)来打败他。老师们就是这样教导我的,我也就是这样被训练出来的。亚里士多德的范畴篇就像一个球一样,被我们像儿时的游戏一样戏耍。如果我们把球丢了,我们就要通过大声辩论咆哮把它夺回来;而如果相反,如果球在我们手中,那么我们就绝不能让任何噪音把它从我们手中夺走。因此,人们使我相信,所有的逻辑都退化为一场言辞激烈、嘈杂的关于逻辑的辩论。"②

---

① Charles Waddinton, *Ramus*(*Pierre de la Ramée*)*: Savie, ses écrits et ses opinions*(Paris, 1855), p. 23.

② Charles Waddington, *op. cit.*, p. 24.

因此,明显不是巴黎大学的哲学、神学大师们教给了弗朗西斯科·德·维多利亚那些弥足珍惜的知识财富。维多利亚的这份知识财富中充满了探索与创新的精神,体现了进步的去世,满怀着对令人的爱,充满着团结和谐的情感。自然本身就赋予它巨大的天赋,在他内心中静卧着一股谁都无法加以抑制与扼杀的力量。而他自己也拥有很好的机会,能够找到适宜的环境,发展自身内在的天赋。事实上,有许多证据表明,他同人文主义者保持着从未断过的联系。当时,这些人文主义者不顾官方教育的代表的敌视与愤怒,正在使法国的首都成为一场巨大变革的中心。

1520 年,弗朗西斯科·德·维多利亚在巴黎期间,他就成为一位最名副其实的人文主义者约瑟·凡·阿雪尔(Josse van Assche,又名约都库斯·巴蒂乌斯·阿森西乌斯 [Jodocus Badius Ascensius],法国作家们称之为约瑟·巴德 [Josse Bade])成为密友。阿雪尔生于根特。经过在卢汶大学学习之后,他决定前往意大利。在那,他学习了拉丁语和希腊语,后来他在巴伦西亚(Valencia)和里昂执教。此后,他又在巴黎成为一名出版商,同时也并未放弃文字工作,他出版了许多作品,其中许多著作本身就体现了变革理论,或者至少为变革呼吁。

弗朗西斯科·德·维多利亚的名字出现在西班牙多明我修士佩德罗·德·科瓦卢比阿斯(Pedro de Covarrubias)的两卷本布道词的扉页上。这说明他曾经修订过这本著作。毫无疑问,如果这是一个孤立的事实,那么它无法证实任何有力的结论。但是,如果还有其他事实加以佐证,那么它就足以表明,弗朗斯西科·德·维多利亚在这个所谓的"文字共和国"(republic ofletters)中并非陌生人。这个"文字共和国"可以追溯至 1516 年,伊拉斯谟是其公认的首领。1527 年,当谴责之声像潮水一样向这位杰出的学者涌来时,他给弗朗西斯科·德·维多利亚写了一封信。他们共同的朋友,路易斯·万威向他担保维多利亚的杰出品质,并一致认为,他热爱并崇拜伊拉斯谟。

正是由于同这些拥有这崇高情感的人保持联系,弗朗西斯科·德·维多利亚无疑发现他的自然禀赋被加强了,并且从这些有益的影响中获得了帮助,使得他能够着手为印第安人的正当主张辩护。在探讨战争法这一严酷的主题时,他所主张的原则包含着审慎与人道精神。16 世纪初,这一整个平静运动都源自人文主义,并且它也对西班牙国际法学者们的思想产生了影响。

1521 年之后不久,弗朗西斯科·德·维多利亚回到了他自己的家乡。他被任命为巴拉多利德(Valladolid)圣乔治多明我修院的首席教授。1526 年,佩德罗(又被称为列昂的帕布洛 [Pablo of Leon],他从 1507 年起就担任此职)去世之后,萨拉曼卡大学的首席神学教职空缺出来了。它被公开竞聘,结果,1526 年 9 月 7 日,法官们一致将它授予给了弗朗西斯科·德·维多利亚。9 月 21 日他在公证人面前宣誓就职,并一直担任这一教职,直到去世。

一位多明我修会的成员最近试图通过当代找到的资料努力证明,这位伟人所使用的教学方法和教授品质。

他写道:"弗朗西斯科·德·维多利亚实现了所有的希望,甚至超越了它们。在他强有力的领导之下,萨拉曼卡大学在西班牙获得了杰出的地位。他的教学方法与其他教授截然不同。他的教学不乏枯燥乏味的经院教条,但他只利用这种方式教导一些最基础的东西,除此之外,他还懂得如何富有表现力地展现那些教义的优美与崇高。他并不鄙视文辞的优雅,他乐于通过愉快地引证教父们的观点和教会史中的历史事实来论证各种神学观点。他的课程由于其语言的优雅而极富吸引力,很快就受到广泛的欢迎。理论的牢靠以及教学方法的优雅,这就是弗朗西斯科·德·维多利亚长久以来的教授品质。从 1526 年到 1546 年他去世,他担任萨拉曼卡大学神学教授一职长达 20 年。他教导出了许多杰出的学生:梅尔科尔·卡诺(Melchior Cano)、多明戈·索托(Domingo Soto)、麦地那的巴瑟洛缪(Bartholomew of Medina),以及其他许多自己吹嘘曾在其门下就教过的人。多明我修会的人都承认,正是维多利亚复兴了西班牙的神学教学;正是维多利亚凭借着他扎实的理论和优雅的授课风格,为神学教学提供了一种十分必要的方法,用以为神学重新获得荣耀的地位。这点多明我修会之外的学者们也不得不承认。维多利亚自己并没有写作,但是他的学生们都渴望聆听他的教诲,他们于是虔诚地将他的授课讲义搜集整理在一起。至少,其中的一部分后来得以出版。"①

与这位无可比拟的教授同时代的人们也都一致地称赞他的教学天才。他们同样称赞他对学生们亲口授课。这种方法毫无疑问并非创新之举,在巴黎大学就早已被沿用一个世纪之久,并且同时也被法国其他大学运用。由于西班牙的教授们对其缺点进行了改进,将空洞无物的夸夸其谈变成清晰、简洁、准确的论述,这种方法就变得更加行之有效。

弗朗西斯科·德·维多利亚的门下弟子们都深感必须忠诚于自己的导师。他们中最负盛名的一位,梅尔科尔·卡诺对他的老师丝毫不吝赞美之词。在 De locis theologicis libriduodecim 中,他写道:"感谢上帝的仁慈,赐予西班牙这位无与伦比的神学大师。"他将其称之为 sacrae theologiae restaurator cui debentHispaniae quod veram

---

① D. A. Mortier, of the Friars Preachers, *Histoire des maîtres généraux de l'Ordre des Frères Prêcheurs*, vol. V (Paris, 1911), p. 379-380.

theologiam docuerit。此外，他还认为，维多利亚增进、补充了圣托马斯·阿奎那的理论，并使之更加光彩夺目。他继续写道："我所拥有的值得被称为智慧的理论，我在判断人和事方面的能力，我高于其他经院学者、并在我的作品中体现出来的文艺才华——所有这一切，不论是理论、判断力还是修辞，都必须归于这个人，这位我至死不渝始终追随并服从的人，时刻谨记他的训诫与教诲。……我所教导的这些原则既属于我自己，更属于我的老师。在这点上，我必须给予他公正的对待。我渴望着，这位杰出人物的智慧能够广泛传播，泽被后世。我不得不承认与他相比，我是多么顽劣不堪，尽管如此，我仍然必须尽我所能地对他表达我衷心的谢意。同时，我也恳求将来我的著作的读者们相信，我的导师是无比伟大的，这点远非我的文字所能言尽。"①

多明戈·索托同样对弗朗西斯科·德·维多利亚赞誉有加。索托1494年生于塞戈维亚，曾在阿尔卡拉（Alcala）和巴黎求学。30岁那年，他加入了多明我修会。1532年，他成为了萨拉曼卡大学晚间授课的神学教授，而弗朗西斯科·德·维多利亚则在早间授课。

还有其他许多人赞誉了维多利亚，其中值得征引的一个是阿方索·加西亚·马塔莫罗斯（Alfonso Garcia Matamoros）。他有一本著作叫《论西班牙的学术与智识力量》（*De academiis et doctisviris Hispaniae, sive pro asserenda Hispanorum eruditione narrationapologetic*）。他称维多利亚是"多明我修会的光芒，是神学的光彩和荣耀，是古代宗教的典范。正如古时候苏格拉底将哲学从天上带到了人间，弗朗西斯科则将神学从天上召到了地上。"

教书育人并非萨拉曼卡这位伟大教授的唯一事业。查理五世

① D. A. Mortier, *op. cit.*, vol. V（Paris, 1911）, p. 380.

曾经多次咨询过他的建议。查理五世曾经将许多涉及良心的疑难问题提交给维多利亚，并就许多棘手的事务征询过他的意见。正是通过这种方式，维多利亚曾经就英格兰国王亨利八世提出的婚姻效力问题给出自己的建议，以判明亨利八世之前同西班牙国王的姑姑阿拉贡的凯瑟琳的婚姻是否有效。包含在《神学重释》(*Relectiones*)一书中的论文“论婚姻”中有许多文字就涉及这一历史事件。

1532年，弗朗西斯科·德·维多利亚讲授了他最负盛名的论文“论印第安人”(De Indis)和“论西班牙人对野蛮人的战争法权”(De Jure belli Hispanorum in barbarous)。在这些著作中，他阐明了西班牙人占领新世界能够主张的一些权利。后文我们将有机会详细讨论这两篇论文。

1539年，查理五世将许多涉及印第安人事务的问题提交给这位萨拉曼卡教授。信件是1月31日从托莱多发出的。之后一年，在另外一封信中，查理五世又就同一问题致函咨询维多利亚。信件是3月31日从马德里发出的。[①]1541年3月21日，查理五世又一次咨询这位他完全信得过的人物。所咨询之事关切重大，它是由巴瑟洛缪·德·拉斯·卡萨斯(Bartholomew de Las Casas)向印第安人委员会提出的，即根据在新世界已被采用的仪式为成年印第安人施洗，也即在未给予他们必要的宗教教导之前便对成年印第安人施洗是否合法与合宜？查理五世授命弗朗斯西科·德·维多利亚研究这个问题，并就该问题咨询萨拉曼卡大学中其他他认为适宜解答这个问题的教授，并将他们的意见连同他自己的建议一并提交上来。所得出的结论是赞同由拉斯·卡萨斯提出的建议。[②]这里我们应当注意

---

① Eduardo de Hinojosa, *op. cit.*, p 245.

② *Ibid*, p. 195.

到，萨拉曼卡教授维多利亚也许比任何人都更适合于对有关印第安人问题给出一个考虑周详、基础牢靠的建议了。他有许多学生当时就致力于在西印度传教的使命，并且同他们一直保持联系。例如，阿隆索·德·贝拉库鲁兹（Alonso de Veracruz）和多明戈·德·萨拉扎尔（Domingode Salazar）。他们两人都是多明我修士，其中后者后来成为了墨西哥的神学教授，并写过一篇论文，论述西班牙国王队印第安人所拥有的正当权利。[①]

教会当时正在筹备一件大事，这就是为大公会议的召开做准备。我们今天的人已经很难想象基督教世界的主教们聚聚一堂召开大公会议对于当时人们的重要意义了。人们不应该忘记教廷与基督教世界中各个民族的教会代表之间的斗争。教会还有俗界的主权者们都充满激情地投入到这些无止尽的争论之中。不论是那些仍然保持忠诚的天主教徒还是路德的追随者们都同样强烈邀请教会的权威们召开会议，以决定正统教条与戒律要求的是什么。

在同卡杰坦红衣主教（Cardinal Cajetan）晤面之后，路德已经从一个一无所知的教皇上诉至另一个略有学识的教皇了。然而，在1518年11月28日，他已经从教皇那儿撤回了自己的上诉，转而向即将召开的大公会议申诉。而在1520年6月15日教皇列奥十世颁布的敕令谴责路德及其追随者之后，路德又再次提交了自己的申诉。[②]1523年纽伦堡议会要求教皇阿德里安六世应当在德意志的某个城镇召开宗教会议，并且伺候纽伦堡议会继续坚持这项主张。1536年6月2日，保罗三世颁布了一项敕令，宣布在来年召开宗教会议，召开地点在曼图亚。不过教廷遇到接连不断的困难。教皇颁

---

① *Ibid.*

② Albert Desjardins, *Le pouvoir civil au Concile de Trente. In Revue critique de législation et de jurisprudence*, vol. xxxiv（Paris, 1869）, p. 3.

布了多大六个敕令，宣布延期或重新召开大公会议。1544年11月19日，最后一道敕令宣布会议将在1545年12月13日召开。弗莱·保罗·萨皮（Frà Paolo Sarpi）写道："由于世事迁延，会议最终在1545年12月13日才得以召开。共有教廷使节和主教共25名。"① 召开地点是在特伦特（Trent）。罗马教廷曾倾向于在教皇国的某个城市作为会议召开地点，并为此做出了许多努力。教廷使节们接到教皇命令，要求将会议迁至博洛尼亚；会议曾被中断两次，两次都得以继续召开。1560年12月3日，会议又重新召开，直到1563年会议结束了自己的工作。我们在此并不关注议会取得的成果本身。我们仅限于简要概括当时教廷、主教和各国政府所面临的处境。人们批评教皇过于注重意大利的影响，事实上会议成员一直以来都大部分是依赖于教廷的教士；在会议行将闭幕阶段，意大利方面的主教达到150名，而其他国家的主教只有66人。非意大利国家的主教都和教廷作对，至少在坚持各国主教在宗教事务上的独立性方面，他们一直以来都反对教皇。基于这些原因，格拉纳达枢机主教杰勒罗就抱怨说，主教都变成教皇的总代牧（vicars-general）了，必须仰其鼻息，能够被他随意撤换；西班牙的全体教士们都反对教廷篡夺宗教权威，他们坚持认为，除非恢复被罗马教廷僭取的所有权力，教廷造成的这些弊端就无法得以根除。②

教廷特使作为教皇的代理人代表教皇出席了会议，同时也控制着会议的进程。教皇起初希望各国君主也能出席会议，并为会议提供他们个人的支持与合作。不过，即便这种期望无法实现，教皇也

---

① *Histoire du Concile de Trente, written in Italian by Paolo Sarpi, of the Order of Servites*, translated by Pierre FranÇois le Courayer, doctor in theology of Oxford（London, 1736）, vol. I, p. 167.

② *Ibid.*, vol. II, p. 313.

希望,各国君主能够通过大使代表出席,并同他们联络以同会议保持联系。

一位论者写道:"这就是这次大会所要求达到的规格,它被当作一种巨大的权力。同样,除非正式地递交了国书,各国代表都不会被接受。一旦参会,他们通常都要对大会发表一篇冗长的演讲。他们蹩脚的演说和他们稀烂的笔下功夫有得一拼。所有人都知道1551年阿米奥特(Amyot)和1562年皮布拉克(Pibrac)的论文引起的喧嚣。"①

与会的教父们(Fathers)会举行两种会议。一种是公开的、庄严的会议,在这些会议上颁布各种法令,而且会议成员只有25人。还有一种私下召开的预备性的会议或者集会,它们可能涉及某些特殊事项,也可能是一般性的会议。

神学家们能够参加公开的特别会议和一般性会议。因为根据规程,只有教父(Fathers)才有资格参加一般性的私下集会。刚刚引用的的这位作者写道:"教父(Fathers)之下是次级的神学家,例如索邦的普通博士,他们或者有教皇或者有国王派来或者由教士们带来参会。由于他本身不是教士,他们便没有投票资格;他们也没有资格参加私下召开的一般性会议;他们中只有一小部分人能够有幸获得资格参加最后阶段举行的会议。他们有资格参加公开的一般性会议和私下召开的某些会议,并有可能在其中提供巨大的帮助。为了筹备为所有其他人提供帮助,他们自己也会召开会议,教父们可以随意地参加这些会议。"

据说在为特伦特会议提供合作与帮助的神学家们中间,西班牙的神学家们作出了最大的贡献。事实上,西班牙人已经为会议的讨

---

① Albert Desjardins, article cited, p. 221.

论提供了具有最高价值的人物,这里只需提到两个人的名字即可,例如多明戈·索托和梅尔科尔·卡诺。

在会议召开前夕,王储即后来的菲利二世作为查理五世的代表,曾经邀请弗朗西斯科·德·维多利亚参加大公会议的相关工作。不过,维多利亚以年事已高和疾病缠身为由推脱了。[1] 会议准备工作开始几个月后他就去世了。这位杰出的思想家对出席特伦特会议的西班牙教士有着非凡的影响,这点已是公论,能从出席会议的他的学生的引用中得到证明,同时也能够得到神学家们中他过去那些学生们那儿得到证明。

一般说来,多明我修会对教廷一直都是忠心耿耿的。修会的教育传统就能证明这点,并且其中也有许多杰出神学家,例如胡安·德·托奎马达(Juan de Torquemada)就是其中一位支持教皇权利的。反对巴塞尔、佛罗伦萨诸次会议之观点的一流神学家。1511 年,在尤里乌斯二世治理教会期间,有九位红衣主教,由于受到法国国王路易十二和马克西米连的鼓动,在比萨召集一次大公会议,原定于 9 月 1 日召开。他们的观点是,如果教皇无视或者拒绝召开大公会议,那么这项权利就将属于枢机主教团(Sacred College)。多明我修会当时的首领是著名神学家托马索·德·彼奥(Tommaso de Vio,生于该塔 [Gaëta],后来被称为卡杰坦乌斯 [Cajetanus])他就禁止多明我修会成员对在比萨召开的会议提供任何帮助,并写下了著名的论文《论教皇与大公会议的权威》(*De authoritatePapae et Concilii utraque invicem comparata*)。在该文中,他认为,教皇本身就是教会的最高首领,他是教会的立法者,是教会的终审法官,教会会议既不能将法律强加给他,也不能审判他,教皇的批准是唯一能够赋予大公会议法令

① Eduardo de Hinojosa, *op. cit.*, p. 201.

强制执行力的权威。从后来由维多利亚的学生整理出版的著作中，我们可以推断，如果健康状况允许维多利亚参加特伦特会议，在教皇和大公会议之间相互地位以及宗教权力和世俗权力之间相互关系这些问题上，在会议上维多利亚必定会表达出何种观点。这些论文包括："论宗教权力"（De potestate ecclesiae）、"论世俗权力"（De potestate civili）和"论教皇和大公会议各自的权力"（De potestate Papae et Concilii）。

这位博学的神学家对教会及其首领都怀有崇高的敬意。他给予属灵的共和国（respublica spiritualis）和世俗共和国（respublicatemporalis）同等地位。也就是说，它们各自都是自足的，换言之，如果其中任何一个无法保持自身的独立与完整，那么就应当尽一切可能帮助它达到这一目标。教会的首领因此有权直接而非间接地采取行动（这点看来像是篡夺了世俗权力），但是必须通过属灵权力为中介发布命令，以此方式采取行动。弗朗西斯科·德·维多利亚将他的理论运用于君主制定了不正义的法律的情形，也适用于各国君主为了某个国家明显危害宗教的行为而相互开展的情形。在后一种假设下，他承认，教皇这一权威可以禁止君主相互开战，并且可以在必要的时候，自己作为冲突各方的调停者。事实上，他主张不要侵犯世俗权威；同时他的心意是要保卫宗教权威，使其不受伤害。他通过对比的方法，分析了一个事例，表明在国际事务上所持的观点。他说："如果西班牙人有朝一日不能保卫自己不被法国人侵害，那么西班牙人也有权占领法国的城市，强迫他们接受新的君主，惩罚不义之徒，并像一个名副其实的主人一样行动：所有博学之士都支持这种观点。"

关于教皇和大公会议各自的地位问题，弗朗斯西科·德·维多利亚也许会要求大公会议要尊重教皇；他极力避免双方发生矛盾的丑闻,但是他绝不会愚蠢到主张教皇的至高无上。正如上文所提到的,胡安·德·托奎马达捍卫教皇的最高权威,反对巴塞尔会议的决议,但是,同一个托奎马达也积极地位康斯坦茨大公会议提供帮助,以废除教皇约翰二十二世;并且他本人也赞同这种做法的。萨拉曼卡教授认为托奎马达的赞同意义重大,并且认可召集大公会议反对教皇意志的权利,如果教皇的个性危害到了教会。弗朗西斯科·德·维多利亚甚至不会认可教皇在毫无正当理由仅凭个人意志就否决由大公会议通过的法令。

在之前的许多个世纪里,皇帝的权利不仅在事实的层面上引起了残酷的斗争,同时也在国际法学者们中间激起过激烈的讨论。我们已经提到过法国国王和英格兰国王都各自宣布独立。在西班牙,卡斯蒂尔国王阿方索十世在《七编》(*SietePartidas*)中赋予皇帝至高无上的地位,而他曾经渴望竞争皇帝的宝座。他曾经写道:"皇帝的权威至高无上,远超过其他一切权威。"法学家们受到罗马法中普遍存在的观念的影响,他们所表达的观点也十分重要。不必追溯太远,我们引述萨索菲拉托(Sassoferrato)的巴托鲁斯的观点就足够了。在14世纪中叶,他写道:

"如果有人胆敢断言皇帝不是整个世界的君主,那么他一定就是异端;因为,他的这种论调是直接违背了教会的决议,也有悖于福音书的记载。福音书上说:'当那些日子,凯撒奥古斯都有旨下来,叫天下人民都报名上册。'[①] 圣路加已经这样说,并且基督也承认凯撒是皇帝和主宰。"

关于教皇敕令有权否决皇帝最高权威的观点,巴托鲁斯毫不犹豫地引用并赞同他的老师辛诺·达·皮斯托亚(Cino da Pistoia)轻蔑

① 这里引用和合本圣经译文,《路加福音》2:1。——中译注

的话："还是不要管那些教会法学家们荒诞的错误吧！"与巴托鲁斯同时代的一个作家，阿尔贝里克·达·罗斯西亚特针对皇帝的普世王权提出过合理的质疑，他得出的结论是，两种权力是各部相同的，教皇在属灵事务上占统治地位，而皇帝则统领世俗事务。

依弗朗西斯科·德·维多利亚的观点，皇帝并非整个世界的君主（"Imperator non est dominus orbis"）。他是通过法律与事实来证明自己的观点的。他认为，罗马帝国被分为了东部帝国和西部帝国，而德意志的皇帝从来都没有任何理由主张是希腊的主人，而佛罗伦萨大公会议已经确认约翰·帕拉奥罗古斯（John Palaeologus）是合法的主权者。他写道："教会的财产不属于皇帝；西班牙王国和法兰西王国也不在皇帝的统治范围之内，尽管法学评注上说，这种独立只是事实状态而非法律状态。博学之士们甚至会承认，先前臣服于帝国的某些城市都已经通过习俗的力量摆脱了附属地位。而如果他们的附属地位是神圣权利使然，那么这种事情是完全不可能发生的。"

三、

现在，我们必须往前追溯一些年岁，并谈谈前文已经提到过的伊拉斯谟致万威的信中所谈及的一件事，尤其要谈谈当伟大的人文主义者伊拉斯谟在西班牙受到攻击时，弗朗斯西科·德·维多利亚所扮演的角色。

1518 年，在致红衣主教沃尔西的一封信中，伊拉斯谟曾经赞许过路德道德上的纯洁性。在写给埃尔福特大学校长的一封信中，他也承认这位德意志修士所追求的目标既优美又很有效用。1519 年 3 月 28 日，路德对这位著名的博学之士的信件进行了答复，表达了他对伊拉斯谟的尊重，感谢伊拉斯谟对自己在文艺和思想解放上提供的帮助。伊拉斯谟的复函既有认可，也有建议。但是，不久事件的进展就出现了不愉快的征兆。伊拉斯谟虽然有时有些疑心，但其性格总体而言是平和，并反对各种过激行为。他不愿意追随轻率的反叛行为，甚至不愿意默许路德教条中的一种观点，在他看来，它会危害人类的思想。[①]1524 年 9 月，伊拉斯谟写了一本著作《论自由选择》（*De libero arbitrio*）。1525 年路德以《论被动选择》（*De servo arbitrio*）一文回敬了伊拉斯谟，之后伊拉斯谟又写了 Hyperaspistes diatribe ad servum arbitrium。正如一位学者写道的那样："因此，两者之间的分歧是无法修复的。伊拉斯谟致死都是宗教改革的敌人，并且不遗余力地写作反对它。正是由于他巨大的影响力，由于他拥有的广泛联系，所有的人文主义者都遵循了他的榜样。……即便伊拉斯谟是路德的死敌，路德对此也丝毫不在意。他甚至在死亡威胁面前也绝不放下自己的武器。"[②]

天主教徒们都将伊拉斯谟视为是信仰最为坚定的捍卫者。教皇克莱门七世保护着伊拉斯谟。然而，在许多国家，他仍然有许多满怀怨恨的敌人，他们都试图利用宗教权威来对付他。1524 年 4 月，蒙塔古学院（College of Montaigu）的前院长、现任学院的代理人（syndic）、神学博士诺伊尔·比达（Noël Beda），在索邦从博学的伊拉斯谟的著作中抽出一些理论，进行批判，并要求对这些理论进行谴责。这场风暴来势迅猛，并持续了很久，同时也席卷到了西班牙。在西班牙伊拉斯谟有许多朋友，也许比在任何其他基督教国家中都

---

① E. S. Marseille, *Erasme et Luther: Leur discussion sur le libre arbiter et la grâce*（Montauban, 1897）, p. 14 et seq.

② *Ibid.*, p. 35.

多。[①] 同样,在这里他也有许多敌人。1526 年,西班牙的僧侣们针对他发动了一场谴责运动。他们质控他攻击圣三一(Holy Trinity),攻击神圣的基督,攻击神圣的圣灵。[②] 伊拉斯谟不得不奋起反击。这些修士尤其是方各济会修士(Franciscans)都被对这位伟大人物近乎敌视的情绪弄得亢奋异常。

已出版的伊拉斯谟通信集中有一封重要的书信涉及到这些事件。这封信写给“索邦的以为西班牙神学家”("theologo cuidam Hispano Sorbonico,")。信件的内容完全解答了关于收件人是谁的这个问题。这位人文主义者提到这整场运动都是有他的敌人之一爱德华·李(Edward Lee)领导的。若干年之前,他曾同此君发生过激烈的论战。1526 年,李是亨利八世驻西班牙的大使。他成功地激起了人们对伊拉斯谟的敌意,人们甚至到皇帝的王宫中指控伊拉斯谟。其中领头的就有多明我修会伯格斯分会的修道院院长。伊拉斯谟提到了他的名字,并接着说:“据我所知,是你的兄弟。”("tuus, ut audio, frater,")不需要再有任何怀疑,伊拉斯谟谈到的正是弗朗西斯科·德·维多利亚。此外,维多利亚的挚友胡安·路易斯·万威曾经以溢美之词褒扬过弗朗西斯科·德·维多利亚。在博维学院(College of Beauvais),在根特人让·杜拉尔特(Jean Dullaert)门下求学时万威结识的维多利亚。由于托莱多枢机主教秘书胡安·德·巴尔加拉(Juan de Vergara)、阿方索·德·方塞卡(Alfonso de Fonseca),万威得以了解到正在酝酿中的阴谋,并能够提前进行防备。他写信给伊拉斯谟说:“迭戈·德·维多利亚有一个弟弟,叫弗朗西斯科·德·维多利亚,和他一样也是多明我修士。他是巴黎的神学家,一个有

① Marcelino Menendez Pelayo, *Historia de los heterodoxos españoles* (Madrid, 1880), vol. II, p. 61.

② *Ibid.*, p. 65 et seq.

着杰出声誉、值得信任的人,在巴黎,他不仅一次地在众多神学家们面前为你辩护。他从孩童时代起就着迷于文艺,他崇拜你,钦佩你。他是萨拉曼卡大学的教师,在那里一直担任着所谓的首席教授的职位。”西班牙的僧侣们一直都试图激起暴民,让他们发动骚乱。他们的誓言既不针对皇帝也不针对主教,他们说他们只对上帝而不对任何人保持忠诚。[①]由于他们的这些叫嚣以及煽动性的布道,世俗当局和宗教权威,其中包括皇帝以及托莱多和塞维利亚的枢机主教的代表们都觉得有必要同意进行调查,并任命一个调查委员会。而皇帝以及托莱多和塞维利亚的枢机主教对伊拉斯谟都颇为友善。

在致“索邦的西班牙神学家”即弗朗斯西科·德·维多利亚的信中,伊拉斯谟请求维多利亚在他哥哥迭戈面前为他说项;同时也请求他为自己在诺伊尔·比达面前求情。比达当时正在巴黎大学对伊拉斯谟发动几乎难以克服的责难。

在法国,索邦神学院谴责了比达从伟大的人文学者伊拉斯谟著作中抽取出的论点。1527年12月,索邦神学院做出了教义上的判决,共包含32条。事实上,在此后的四年里,政府都不允许印制分发这份判决。[②]

在西班牙,调查委员会在巴拉多利德召集,由21名神学家组成,其中包括弗朗斯西科·德·维多利亚。伊拉斯谟的支持者占绝大多数。但是,委员会并没有做出判决。正在肆虐这个国家的瘟疫使得调查进程不得不中止,并且此后再也没有重新开启。事实上,这位著名的学者招致了另外一个打击。洛伦特(Llorente)写道:“伊拉斯谟以为自己已经全身而退了。然而事实并非如此。最高法庭禁止

① H. Durand de Laur, *Erasme, précurseur et initiateur de l'esprit modern* (Paris, 1872), vol. I, p. 492.

② *Ibid.*, vol. I, p. 507.

阅读他的《谈话》(*Colloquies*)、《蠢行颂》(*Praise of Folly*)以及他的《新约释义》(*Paraphrase of the New Testament*)。①

要感谢两位博学的比利时人尼古拉斯·克雷纳尔特(Nicholas Cleynaerts)和乔安内斯·瓦萨欧斯(Joannes Vasaeus),我们掌握了一些关于弗朗斯西科·德·维多利亚的奇闻异事。他们俩都同维多利亚有私交。1493年或1494年克雷纳尔特出生于迪斯特(Diest)。他在卢汶大学求学,并于1519年在那里获得授权,可以公开或私下教授希腊语和希伯来语。1531年,布鲁日人乔安内斯·瓦萨欧斯参加了克雷纳尔特的课程。同年,克里斯托弗·哥伦布的私生子费尔南德·哥伦布(Fernand Columbus,正如亨利·哈里斯[Henry Harrisse]所称的那样,他是"那个时代,也许是所有时代中最为伟大的藏书家")正在物色一些有学问的人。他希望这些人能够帮助自己管理他在塞维利亚创建的图书馆。这座图书馆后来就根据他的名字被命名为哥伦布图书馆(Columbine)。② 他相当富有,他的年收入相当于我们现在的300,000法郎,在此之外,还要加上许多他从各种商业活动中获得的利润。他向克雷纳尔特和瓦萨欧斯提出了要约,他们也欣然接受。1531年10月,费尔南德启程离开低地国家,在这两位比利时人的陪伴下向西班牙进发。在萨拉曼卡,克雷纳尔特和瓦萨欧斯结识了维多利亚。并且,正如他们在著作中所写的那样,一直保持着密切的友谊关系。总所周知,后来克雷纳尔特被召去葡萄牙,指导葡萄牙国王约翰三世的弟弟亨利王子的教育。亨利当时是布

---

① *Histoire critique de l'inquisition d'Espagne despuis l'époque de son établissement par Ferdinand V jusqu' au règne de Ferdinand VII, tirée des pièces originales des archives du Conseil de la Suprême et de celles del tribunaux subalternes du Saint Office*, by D. Jean-Antoinellorente, sometime secretary of the Inquisition, translated by Alfred Pellier(Paris, 1817), vol I, p. 461.

② H. Harrisse, *Excerpta Colombiniana*(Paris, 1887), p. 25 et seq.

拉加（Braga）的枢机主教，后来登上王位。瓦萨欧斯成为了费尔南德·哥伦布的图书管理员，三年之后，他回到萨拉曼卡，试图在这里通过教书谋生。此后，他被召至葡萄牙。他是《西班牙要事纪》（*Chronicon rerum memorabiliumHispaniae*）一书的作者，此书只出了第一卷。他去世于1552年。

在书信中，克雷纳尔特多次提到维多利亚。此外，他和维多利亚也多次通信。他高度赞誉维多利亚非凡的学识，称赞他令人羡慕的拉丁语知识，他敦促瓦萨欧斯一定要遵循这位萨拉曼卡大学教授给他的建议。①

弗朗斯西科·德·维多利亚去世之后不久，乔安内斯·巴萨欧斯在他的《编年史》中对维多利亚赞不绝口。他写道："要是他还活着该多好，那该给我多大的帮助啊！他的博学是无可匹敌的，他的阅读几乎没有限度，他的记忆也是惊人的。他就像是自然奇迹。"②在论述伊拉斯谟的《箴言》（*Adagia*）的一本书中，巴萨欧斯写下了下面的句子，以纪念这位萨拉曼卡的大师："整个西班牙，无人能比他更智慧，更淳朴；此外，我还要不惴冒昧地加上一点，无人能比他更加神圣。"

弗朗西斯科·德·维多利亚死于1546年8月12日。在最后的两年里，他饱受风湿痛之苦。由于风湿的折磨，他不得不请求胡安·吉尔·费尔南德斯·德·那瓦替代他讲授神学课程。他死后，人们为他举行了一个庄严的葬礼。萨拉曼卡大学、多明我修会以及整个城市沉浸在巨大的悲痛之中。

① Nicolaus Clenardus, *Epistolarum libri duo*（Antwerp, 1556）.

② Joannes Vasaeus, *Rerum Hispanicarum chronicon*, Chap. VI: *Rerum Hispanicarum scriptores aliquot*（Frankfort, 1579）, vol. I, p. 437 et seq.

四、

弗朗西斯科·德·维多利亚的部分著作流传下来了。他死后，他之前的一些学生将他正式的讲课讲义即这位教授所作的“重释”(the relectiones)收集在一起，并将它们印刷出版。第一版有很多错误，之后的数个版本在这方面也仍有进一步完善之处。但是这些错误毕竟都只是印刷错误，读者可以辨识。读者有必要加以注意的更加重要的一个问题，这些遗留下来给我讲座讲义是否是完整的。这个问题就涉及更加实质的内容了。虽然这个问题无法给出一个确切的答案，但是，可以确定的是，我们眼前所见的这些文章已经足够使我们对这位大师的观点有所了解。即便仅就其外在形式而言，它们也足以使我们领略到这位萨拉曼卡大学教授优雅的文风、清晰的论述以及对拉丁文文法的得心应手。

《神学重释》(*Relectiones theologicae*)这一书名本身表明，神学是首要的，然而，其他一些主题，例如政治学和万民法方面的话题也包含其中。作者总是不辞辛苦地解释，在论述法律问题时，自己是以何种方式来看待自己承担的使命的。他坚持认为，神学家的职分与功能应该是十分广阔的，任何观点、争论对于神学这一职分与学科来说都不应当是陌生的。尤其是关于野蛮人的权利这些问题，在他看来，在没有找到任何一种方式解决这些问题之前，它们都是有待讨论的。当有人反对说，智慧与审慎的人理当统治他人时，他回应说，这种统治是值得质疑的，因为国外有关于屠杀与掠夺的流言，因此，人们就有义务问一问，是否所有发生的一切都不是不正义的。他写道：“现在，关于这些问题的决定权不在法学家手上，或者至少不单单属于他们。由于按照任何人法来说，野蛮人都不是任何人的臣民，因此，牵涉他们的事务就不应当从人法的角度而应当从神法的角度加以考察。而在神法方面,法学家们是不适格解决这些问题的。这是一个关涉良心的问题,而这是教士们也就是说,是教会的管辖范围("Et cum agatur de foro conscientiae, hoc spectat ad sacerdotes, idest, ad Ecclesiam, diffinire.")。

《神学重释》的第一版1557年出现在里昂,从雅克·博伊尔(Jacques Boyer)的家中找到的。在1565年,第二版由胡安·德·卡诺瓦在萨拉曼卡出版。它名为*Relectiones undecim*。其他的版本名为*Relectiones theologicae tredecim partibus divisae*。这些版本的一些差别在于,其中有两个讲义有时会被分割为前篇与后篇。1565年的版本是由多明我修会的教父阿隆索·穆诺兹(Alonso Muñoz)负责出版的。该书被先给唐·卡洛斯(DonCarlos)。这个版本的扉页上写着:"此版本已经纠正了雅克·博伊尔第一版中无数的错误。"阿隆索·穆诺兹在序言中抱怨了博伊尔版本中的大量错误。他写道,在帮助多明戈·索托校订他的《嘉言录》(*Sententiae*)一书时,他把博伊尔版本中的错误制成了一张表。此外,在印制穆诺兹版本时,王室图书审查员梅卡多(Mercado)添加了四页的勘误表,并给出了相应的勘误。1580年,因戈尔斯塔特(Ingolstadt)出版了一个校订本。1587年,第四个版本出现在里昂。这是一位不知名的神学家编订的版本。这个版本的导言中对弗朗西斯科·德·维多利亚赞誉有加,并且提到了许多历史事实,例如梅尔科尔·卡诺和多明戈·索托都是维多利亚的学生,以及西班牙国王曾经将涉及新大陆的良心问题和亨利八世所导致的阿拉贡的凯瑟琳的声誉问题提交给维多利亚。这个版本的出版是在皮埃尔·兰德里(Pierre Landry)的赞助下完成的。这个版本引用了一些拉丁散文赞美该书作者维多利亚,并概述了概述的主要内容,最后是一些赞美皮埃尔·兰德里的拉丁文字。

还有其他一些版本值得一提,包括1604年的安特卫普版和

1626年的威尼斯版。在关于15、16、17世纪欧洲文学的导论中，亨利·哈拉姆在论述弗朗西斯科·德·维多利亚的那些饶有趣味的文字中所使用的版本就是1626年的威尼斯版本。同样值得一提的是1680年的萨拉曼卡版本和1696年的科隆版本。科隆版本是在耶拿以及后来的哈雷Halle法学教授约翰·格奥尔格·西蒙的负责下完成的。还可以进一步提到1765年马德里出版的一个版本。最后，理应提到的是奥利瓦尔侯爵(Marquis de Olivart)。他曾经给予国际法科学的发展足够的帮助。他出版了“论印第安人”和“论战争法”这两个讲义。

作者的其他一些著作也是在其死后出版的，包括1561年在巴拉多利德出版的《教会圣事大全》(*Summasacramentorum Ecclesiae*)，一本供西班牙忏悔者使用的手册《忏悔指南》(*Confesionario*)，1562年在萨拉曼卡出版。尼古拉斯·安东尼奥提到过一些手稿，例如《圣·托马斯 < 神学大全 > 评注》(*Commentaria in universam SummamTheologiae Sancti Thomae*)以及《< 嘉言录 > 第四卷评注》(*Commentaria in IV libros Sententiarum*)。

我们现在特别关注的这两个讲义在1565年的版本中名为：“重释之前篇，论新近发现的印第安人”(De Indis recenter inventis relectio prior)以及“重释之后篇，论印第安人以及西班牙对印第安人的正义战争”(DeIndis, sive de jure belli Hispanorum in barbaros, relectio posterior)。这两篇文章是为了考察西班牙能够提出权利主张，以证明他们对于新大陆统治的合法性。这些讲义在1532年被讲授，是关于这个问题的第一次完整阐述。毫无疑问，在对这些问题进行科学考察之前，人们已经思考过这些问题。例如，我们可以提到胡安·洛佩兹·德·帕拉西奥斯·卢比奥。他曾经在应费迪南国王的要求而做出的正式答复中为受压迫的印第安人辩护。他写道：

"国王已经将那些通常被称作印第安的岛屿纳入到自己的权力范围之内。并且,他也已经将在那儿居住的人以及为开化的人们都纳入到福音的真理之中。因此,就会产生如下问题:主权者拥有哪些权利?鄙人从可靠的资料中了解到,哥伦布所发现的这些国家中的土著居民也都是拥有智慧的人民。他们温顺、平和,能够提升到我们的宗教的水平。他们没有私人财产,但是耕种公共的土地。他们实行多妻制,这导致他们的家庭解体。他们是自由人吗?是的。因为上帝已经将自由给予了所有人。毫无疑问,他们也应当倾听基督使徒们的教诲。"①

早在1494年,新大陆的土著民的问题就已经由政府提交给一个由神学家和教会法学家们组成的委员会。这些神学家和教会法学家们都支持慷慨大度的理论。此外,1495年,2月10日,伊莎贝拉皇后的一封信表明,相关的观点说服了主权者。然而,不幸的是,母国的政府权威屈服于那些被贪婪吞噬了的殖民者的主张与要求。西班牙存在着奴隶制。奴隶不仅从西班牙同摩尔人进行的战争中抓获的战俘中获得,到14世纪末页,还从塞维利亚和加迪斯(Cadiz)的奴隶市场中获得。而在这些奴隶市场上,加那利(他们称之为关切斯 [Guanches])的土著居民被当做奴隶出售。15世纪初,随着葡萄牙人进行的冒险,黑人奴隶被引入卡斯蒂尔。西班牙人士熟悉奴隶制的。因此,当人们想到要把新大陆的土著居民变成奴隶,这一点都不应使人感到吃惊。同样,人们丝毫也不需要疑虑,是否应该把黑人奴隶转运至西印度。乔治·斯凯勒(Georges Scelle)写道:"在奴隶贸易组织被发明出来之前以及从征服的第一天起,黑人奴隶就

---

① Vicente de Lafuent, *Palacios Rubios: Su importancia jurídica, política y literaria. In Revista general de legislación y jurisprudencia*, vol. XXXVI (Madrid, 1870), p. 242.

被从西班牙带到了美洲。到15世纪末，葡萄牙、西班牙尤其是安达卢西亚充斥着大量的奴隶：白人奴隶、摩尔人、犹太人以及尤其是黑人奴隶。这是一个臭名昭著的史实。设想西班牙人带来了一些奴隶难道会不合理吗？他们不仅从葡萄牙、西班牙运来奴隶，还从地中海的各个岛屿、巴利阿里岛（Balearic Isles）、萨丁岛（在这里有着大量的奴隶）、马德拉岛（Madeira）和他们不久前刚征服的加那利群岛（在往西印度的航行过程中，船只都要在此靠岸）运来奴隶。”① 劳役征调制（Repartimientos）和监护征赋制（encomiendas）被建立起来。在这些体制下，印第安人都处于奴役地位，而其中某些人则被贬为奴隶。亚历山大·凡·洪堡写道：“为了满足采矿对人口的需求，在西班牙人中分配土著民这种做法于1496年开始，……到1503年12月20日结束。中央政府准许强迫劳动，对收入任意征税，允许人们将土著民在不同的岛屿之间运输，允许迫使他们背井离乡长达6个月甚至八个月之久。这就是德莫拉（demora）。此外还有米塔（mita），即对矿产的开采。”②1503年12月20日，签署了一道恐怖的法令。用前文提及的那位著名学者话说：“政府允许捕获并出售各个岛屿以及大陆上的加勒比人（Caribs）……人们就人类不同等级之间的细微差别进行了漫长的讨论。哪些人应当被叫做加勒比人或食人族，应当灭绝或被变成奴隶；哪些人是瓜迪奥斯人即和平的印第安人，西班牙人的老朋友？1511年，颁布了一道法令，规定加勒比人应当用烙铁烙上标记。这是一项野蛮的习俗。在本世纪初，我发现在

① Georges Scelle, *La traite négrière aux Indes de Castille; contrats et traités d'assiento*（Preface by Mr. A. Pillet）（Paris, 1906）, vol. I, p. 121.

② Alexander Von Humbldt, *Examen critique de l'histoire de la géographie du nouveau continent et des progrès de l'astronomie nautique aux XVème et XVIème siècles*, vol. III（Paris, 1837）, p. 281.

安第斯的许多黑人当中普遍存在。”[①] 哲罗姆会修士（Hieronymites）与方各济会修士是最早访问新大陆的一批修士。1508年卡杰坦成为多明我会的总会长。他对传播福音满怀热情，但是，政府直到1510年9月才允许多明我修会的这个使团出访新大陆。三位兄弟就这样起航了，他们都属于多明我会萨拉曼卡的桑·伊斯特万（San Esteban）分会。和他们一道出发的还有蒙特西诺（Montesino）的安东尼（Antony），他于1511年返回欧洲，并且在1511年费迪南德于伯格斯召集的委员会面前为新大陆不幸的人民辩护。

1519年，另一场庄严的讨论在年轻的国王查理面前展开，而印第安总督迭戈·哥伦布也参与了这次讨论。巴瑟洛缪·德·拉斯·卡萨斯在这场讨论中全力地为受压迫的印第安人辩护，因此他漫长的为印第安人辩解的旅程，并为他赢得了美洲印第安人自由保卫者的美名。

在《神学重释》中，弗朗西斯科·德·维多利亚批驳了形形色色各式的理论，无论这些理论以所谓的基督教优越性为基础，或者以惩罚偶像崇拜为基础，或者以肩负着传播真正宗教的使命为借口。

有关非信徒（unbeliever）是否拥有绝对所有者这个问题已经得到许多其他学者的讨论。为了批驳这个观点，弗朗西斯科·德·维多利亚在其《神学重释》的“论世俗权威”一文中引用了阿玛（Armagh）枢机主教理查德·菲兹拉尔夫（Richard Fitzralph，当时被称为阿玛查努斯 [Armachanus]，1360年去世）的观点。他告诉我们，阿玛主教在其著作《论基督徒的贫困》（*De paupertate Christi*）中教导说，无信仰甚至道德上的罪愆都会阻止权力的存续，妨害所有权、司法权的存续，而且恩典授予权力，并且是所有权力的基础。在“论印

① *Ibid.*, vol. III（Paris, 1837）, p. 293-294.

第安人”中,他再次引用了阿玛枢机主教的观点。他还提到了威克立夫类似的观点。他回想起,在这两位作者之前,里昂的穷人(瓦尔登派 [the Waldenses])也都陷入了同样的错误。他还说,康斯坦茨大公会议已经谴责了威克立夫如下的观点:"Nullus est dominus civilis, dumest in peccato mortali."

弗朗西斯科·德·维多利亚讨论了通过发现获得权利这一问题。他认为,发现(inventio)是唯一一项能新大陆的事业一开始就涉及的权利理由,并且也是热那亚人哥伦布的航行所具有的唯一权利理由。但是,他指出,这项权利理由只有在涉及无人居住的地区才是充分的,而在所讨论的语境下,野蛮人无论从公法还是从私法上来说都是各自国家的真正主人。他说:“根据万民法,只有无主物会成为占有者(seizor)的财产,而我们正在讨论的这些财产是有主的,并且因为它们不适用发现这一权利理由。”于此相关的是,应当注意到,许多西班牙和葡萄牙学者都承认通过发现获得权利;并且当学者们把这一理论适用到新发现的领土时,为了对抗这一理论,格劳秀斯认为,发现之外还应要求实际占有。在《海洋自由论》第二章和第五章中,他写道:“Invenire enim non est oculis usurpare, sedapprehendere, ut Gordiani epistola ostenditur: unde grammatici invenire etoccupare pro verbis ponunt idem significantibus”。采纳了弗朗西斯科·德·维多利亚的观点后,他写道:“Invenire nihil juris tribuit, nisi in eaquae ante inventionem nullius fuerunt”。同时他还说:“Occupatio in mobilibus estapprehensio, in immobilibus instructio aut limitation”。

弗朗西斯科·德·维多利亚还批判了如下观点:按照这种观点,野蛮人有义务接受基督教信仰。他认为,野蛮人绝不应当由于他们被灌输了基督宗教的真理就必须信仰基督教。他认为,如果印第安人仅仅被灌输了一些宗教教条,他们拒绝成为基督教徒,这还不足以使西班牙人有理由对他们宣战，并向他们开战。为了获得战争的正当理由（a just cause of war），那些受到攻击的人必须犯下一些错误，这些错误使他们受攻击成为一件正当的事情。这是圣奥古斯丁的观点。这不仅是神学家，同时也是法学家的普遍观念（sententia communis）。但是，如果人们要求印第安人聆听那些对他们传播宗教真理的人们，他们不得拒绝，否则就将犯下道德上的罪愆；并且，他们也不能忽视去反省向他们传播的合理、正当的宗教观点。因此，问题的关键在于基督教信念是否曾经以这种合理、正当的方式向新大陆的土著居民们传播，以致他们就必须加以接受。弗朗西斯科·德·维多利亚拒绝对这个问题做肯定回答："在那里并没有奇迹或其他神迹能够说服印第安人；那里也缺乏虔诚的榜样；相反，西班牙人犯下了数不清的耻辱、罪行和不虔敬的行为。"

这位伟大的神学家之后又讨论了另一个微妙的问题。这个问题曾经被所有那些关心西班牙在新大陆统治权的神学家和法学家们讨论过，即臭名昭著的恶行和道德上的罪行，以及血腥的流血行为是否能够成为对犯下这些罪行的印第安人开战的正当理由呢？维多利亚的观点是，这些都不足以成为西班牙人通过武力建立统治权的正当理由。

我们发现这些针对印第安人的指控都很有依据。博纳尔·迪亚兹·德尔·萨斯提罗（Bernal Diaz del Castillo）的文章曾经描述过此类事情。迪亚兹曾经跟随费尔南德·科特兹（Fernand Cortès）进行墨西哥远征。迪亚兹引用了科特兹对一些酋长所说的话。这些酋长来寻求科特兹的保护。他写道，科特兹要求他们放弃偶像崇拜，放弃向偶像祭祀牺牲的做法。"他还说，他们应当净化自己，去除掉那些被年轻人可耻地践行的邪恶行为；此外，我们每天都要目睹一次牺牲祭祀的行为，他们将四五个印第安人的心脏奉献给偶像，而他们的鲜血则四处飞溅在墙上,他们的腿脚、手臂都被切下来当成食物,就像我们从屠宰场中获取鲜肉一般。(同样,我也相信他们会在市场上售卖这些人肉。)”科特兹最后信誓旦旦地说:“如果他们不放弃他们邪恶的习俗和仪式,我们就绝不会成为他们的们盟友;我们只会使他们成为其他行省的主人。”①

有一位历史学家能证明上述有关新大陆的民族所达到的文明程度。他写道:“墨西哥人和秘鲁人都是野蛮人。他们虽然拥有保证低级文明存续的物质基础,他们的思想习惯和生活习惯基本上还是野蛮的。墨西哥武士是美洲发现的最先进的阶层,他们仍然是食人族。无论在墨西哥还是秘鲁,人祭都是很普遍的,它们是日常生活的重要组成部分。在秘鲁不曾听说过人吃人,尽管这一行为在安第斯山(Andes, the montaña)以东、罗斯·帕斯托斯山(Los Pastos,印加文明的北部边界)以北的森林地区都存在。这一现象可能能够合理地归因于秘鲁拥有大型的用作肉食的家畜,而墨西哥却没有。而在其他各方面,秘鲁都比墨西哥处于更加低级的水平。”② 这位作者继续写道:“在墨西哥,存在最初级的商业。……奴隶制,作为早期文明的重要因素已经开始出现。……在秘鲁,就现有资料看来,商业是闻所未闻的……同样,除了武士和耕种者之间的区别外,也没有劳动分工。”

这位作者还描述了一些更有启发性的细节。他说:“在古代社会里,‘孱弱的男子’是很值得注意的一个阶层,他们在新大陆有很

① *Histoire véridique de la conquête de la Novelle-Espagne*, written by the captain, Bernal Diaz Del Castillo, one of the conquistadores; translation by D. Jourdanet (Paris, 1877), p. 121.

② Edward John Payne, *History of the New World called America*, vol. I (Oxford, 1892), preface, p. vii.

大的数量。由于他们无法通过追逐狩猎获得营生,这些孱弱的男子在蛮族最早期的阶段中很可能是被杀掉,并被吃掉,或者被抛弃任其自生自灭。在更高的阶段,这些孱弱的男子被允许存活下去,但他们主要是完成妇女们从事的一些工作,包括采摘植物类食物。在农业实现初步发展,进行土地耕种的阶段,在这个转变过程中,他们很容易就变成辅助性的人员。在美洲最先进的共同体的最后存续阶段中,此类男子是极其普遍的。他们穿着女性的衣着打扮,完成由女性完成的最低级的工作。在墨西哥印第安人村落中发现的这些孱弱男子,他们对美洲征服者在道德上造成了极大的震撼,丝毫也不亚于隐蔽的偶像、人祭以及食人节日这些野蛮的习俗带来的震撼。最初,这些孱弱的男子注定都是没有伴侣的。随着农业的发展,对劳动力的需求越来越大,其中有些人似乎被允许生育子女。他们的后代,体格上也一样羸弱的话,就变成了奴隶,成为劳动阶层中最低级的组成细胞。许多部落已经以上文所提到过的方式将大部分的女性成员都消耗殆尽了,这样,它们就不得不越来越依赖于孱弱的男子从事简单的劳动;他们的活力最终被消磨掉,这样他们就随时都有可能被更强大的部落征服。”①

然而,这位著名的神学家也承认,西班牙人统治美洲印第安人拥有合法的权利理由。他说:“首先,第一项权利理由可以被称为自然的社会和自然的共同体的权利理由。”("Primus titulus potest vocari naturalis societatis et communicationis.")按照这种权利理由,西班牙人可以再美洲的各个部分旅行和逗留,但条件是,他们不得伤害土著居民,土著居民也不得阻扰此类的旅行与逗留。这位博学的学者引用了万民法。在这点上,他告诉我们:“Quod naturalis ratio

① Edward John Payne, *op. cit.*, vol. II (Oxford, 1899), p. 17.

inter omnes gentes constituit, vocatur jusgentium”。这段文字出现在关于新大陆土著居民的论文第三部分的开头。人们已经确定,维多利亚所引用是大家耳熟能详的文句,它是盖乌斯的作品中借用而来,而盖乌斯又是从查士丁尼的《法学阶梯》中引用的。维多利亚是凭着记忆引用的,因此,他用“民”(gentes)这个词替代了“人”(homines)这个词。后者在拉丁文中一般表示“人”(persons)、“男人”(men)和“民族”(nations)的意思。从这点足以品味到维多利亚思想发展的足迹。它使我们确信,他是在“民族”(nations)这个意义上来使用“民”(gentes)这个词的。在他的论证中,他一个个并列使用的词指的是人民(people)的意思了,紧接着“民”(gentes)之后的是“民族”(nationes);最后,他用“民”(gentes)这个词对照“人”(homines)这个词。他在阐释思想的过程中使用的例子涉及到了各个民族的关系以及他们间的相互交往。他写道:“在各个民族间,拒绝给予外邦人和陌生人热情的招待一般被认为是不人道的行为,除非有特殊的原因促使相反的情况发生。人们通常认为,应当友善地对待陌生人,这既是一项义务也是人道的。但是,如果陌生人在访问某个国家时干了不正当的事情,那么情况又另当别论了。”此外,他还说,法国人不能禁止西班牙人在法国旅行,甚至也不能禁止他们在法国定居,而同样,西班牙人也不能禁止法国人做这些事情。从这里能得出什么结论吗?结论就是,要挑剔像弗朗西斯科·德·维多利亚这样天才的人对术语的使用是十分幼稚的。他使用这个术语极其准确地表达了他的法律秩序观念,这个法律秩序涵盖全球,并且仅仅由政治共同体构成。在1545年出版的《巨人传》(*Pantagruel*)的第三卷中,拉伯雷把万民法(jus gentium)这个词翻译成“各民族的法”(droit des peuples)。

《神学重释》的作者论证了西班牙人在新大陆拥有进行贸易的

权利。例如,他们能够运来当地人缺乏的物品,并带走当地十分富足的金银或者其他物产。他说:“蛮族的国王不能禁止他们的臣民同西班牙人进行贸易,另一方面,西班牙的国王也不能禁止西班牙人同印第安人进行贸易。”他引用了“己所不欲勿施于人”这句格言。他认为,西班牙不能禁止法国同西班牙进行贸易。他表明,自然本身就在所有人之间建立起了一种联系("inter omnes homines cognatio")。他写道:“奥维多曾经写道,对于人来说,他者并非狼,他也是一个人("Non enimhomini homo lupus est, ut ait Ovidius, sect homo")。”他又说,当东西都是公共财产时,印第安人就不能禁止西班牙人从中获利,他举了金矿、河流、河海里的珍珠作为例子。他承认,必须制定有效的法律保证贸易的进行。此外,如果印第安人反对西班牙人履行这项权利,西班牙人首先向他们讲道理,告诉他们,西班牙人来此地并无伤害之意。如果讲道理还不够,而印第安人又使用了武力,西班牙人为了自卫、反抗暴力而构筑城堡、对印第安人开战就是合法的。然而,西班牙人也还是应当审慎行事,尽量只进行最低限度的打击。不过,如果印第安人执迷不悟,执意仇视,并且试图毁灭西班牙人,那么西班牙人就可以实行所有的战争权利,可以夺取敌人的财产,可以俘虏囚禁敌人,可以推翻他们的首领。同样,在此西班牙人也应当审慎行事,把握尺度。正如博学之士们在论述战争时所说的那样,发动一场正义战争的君主事实上就是通过战争的方式审判他的敌人,他可以根据法律来惩罚敌人,可以根据敌人所犯下的罪行对他们进行谴责。

弗朗西斯科·德·维多利亚提到使用武力进行干涉也是正当合法的情形。因此,印第安部落酋长不得迫害那些已经皈依基督教的臣民,也不得强迫他们重新成为无信仰的人。并且酋长们不能实行残暴的统治或者制定残暴的法律,限制西班牙人终结酋长滥用权力的行为。他预见到了土著居民有可能自愿归顺西班牙国王，以西班牙国王作为自己的君主。在他看来，这些行动并不需要全体一致，多数同意就足够了。西班牙人另外一项合法的权利理由是援助盟友。例如，罗马人征服世界就是通过援助那些与自己确立了同盟关系的人民，向盟友的敌人开战而实现的。

在“论 印 第 安 人”（DeIndis, sive de jure belli Hispanorum in barbaros, relectio posterior）中，博学的维多利亚更加详细地论述了战争法。他分别探讨了一下四个问题：基督教徒可以发动战争吗？何种权威有权宣战和开战？什么是正义战争的理由？在正义战争中，可以如何处置敌人？

他引用了《新约》中的文字，这些文字看着似乎是在谴责诉诸武力；但是，他告诉人们，这些文字只是建议而非命令，并且正是以这种方式他否定了路德的教义。根据路德的观点，基督徒是不能使用武力的，即便反对土耳其人也不能使用武力，因为，如果后者真的入侵了基督教世界，那么这也是符合神圣意志的。根据圣奥古斯丁的看法，他告诉人们，基督徒也是能够参与军事行动，并且可以开战。他谈到了使得战争合法化的许多理由。例如，反抗敌人进行自卫的战争、诉诸武力反抗作恶和暴乱的人、击退敌人的进攻对敌人进行追击、为保卫公共安全而必须诉诸武力、反对僭主和压迫者，保卫普遍的安宁。

至于宣战与开战的权利应当保留给谁来施行这个问题，《神学重释》的作者认为，在自卫战中，每个人，甚至私人为了保卫自己的人身和财产安全也可以诉诸武力反抗暴力。他否定了一些作者的观点，这些人认为如果私人通过逃跑就能避免现实的危害，那么他就不应当杀死他的敌人。通过证明政治共同体（Respublica）和单纯个人之间存在的差别，维多利亚清晰明确地表达了自己的思想。私人可以保卫自己的人身和财产,但是如果敌人或者物品已经脱离自己掌握很长一段时间("intervalle temporis"),那么他就不可以再报复遭受到的不义或取回自己的财产。而政治共同体(Respublica)拥有保卫自身及其成员的权利,此外还有报复所遭受不公对待的权利。于此相关,他认为,君主的权威就像国家(the State)的权威一样。他说:"君主是政治共同体选举出的后裔(issue)。"之后,他便讨论了政治共同体和君主的观念。

他写道:"名副其实的国家(the State)是一个完善的共同体,也就是说,是一个自身构成整全的共同体。换言之,这意味着它不是另外一个共同体的一个部分,它拥有自己的法律、自己的会议(council)和自己的官员。"他提到了卡斯蒂尔、阿拉贡和威尼斯作为例子。他还认为,各个公国(principalities)和完善的国家共处于同一个君主治下,这种事实是站不住脚的(immaterial);并且在这种情况下,每一个公国和完善的国家都有开战权。如果没有这项权利,它们就将是不完整,并因而是不完善的了。然而,即便万民法和人法在此拥有巨大的影响,但习俗同样也能够授予开战的权力和权威,即便在政治共同体不完善的情况下。必要性(necessity)本身就授予开战的权利;这种情况会出现在如下情形中:在一个王国中,有一座城市去攻击了另外一座城市,或者一名贵族袭击了另外一名贵族,而国王又没有以恢复秩序的名义进行干预。

弗朗西斯科·德·维多利亚列举了许多不得诉诸武力的理由。他认为,宗教的多样并非是开战的充足原因;他告诉人们,无论是扩张帝国的欲望还是君主的荣誉或利益,都不能证明相互树立敌意是正当的。他说:"合法的君主有别于僭主的区别在于,僭主把持政府是为了自己获利,而国王的眼里只有公共利益。"

得出的结论是,只有一项正当的战争理由,即受到了伤害。但是并非受到的所有伤害都足以成为战争的理由。只有遭受到严重的、残暴的伤害，诸如致死、火烧、蹂躏破坏才可以诉诸战争，而轻微的伤害则不是进行战争的正当理由。

“在正义战争中，可以做些什么？”维多利亚问道。“为了保卫公共利益所必须的一切。”这就是他的回答。他总结说，追回被夺走的财产及其相应的价值，夺取敌人的财产作为补偿，这些都是在战争中尤其合法的行为。他举了一个私人的例子。个人可以向法官起诉，不仅可以要求被夺走的标的物物归原主，还可以要求赔偿由此导致的费用以及标的物遭受的损失。而进行一场正义战争的君主俨然就像一位法官。在战争中，合法的行为不至于带来和平与安全，我们可以摧毁敌人的堡垒，同时在他的领地内构筑其他一些城堡。他反复地说：“战争的目的是和平与安全；发动一场正义战争的人有权利实行为实现和平与安全锁必须的一些行为，和平与安全是人道的崇高价值。反对内部敌人和邪恶公民的自卫行为都是合法的，同理，针对外部的敌人采取的行动也是合法的。并且，征服者有权要求被征服者提供人质，并缴械投降，交出战舰。”维多利亚的论述不止于此。他认为，在取得胜利之后，胜利者有权为遭受到的不义进行报复，并因此惩罚他的敌人。为了证明他的观点的正确，他论述说，君主拥有必要的权威，不仅可以要求他自己的臣民同时也有权要求外国人不得施加伤害于他。他引用了万民法和自然法，证明权威的存在是为了防止善良与无辜的人们受到伤害，而不义者又逃之夭夭。他反复不断地申述一个观点，即“当某个政治共同体对另一个政治共同体犯下了罪行，它就将受制于该政治共同体；征服者成为被征服者的法官，因此之后采取的行动都是正当的；否则，人们就无法找到战争的正当理由，政治共同体之间也很难找到任何理由，证明其中一个政治体的权威高于另一个的权威。"①

其次需要考虑的是战争中造成的不必要的伤害。普通民众(innocent folk)禁止受到攻击,假如战争的目的能够在不伤害他们的前提下实现。劳动力禁止受到掠夺,如果战争能够在不损伤它们的情况下取得胜利的话。

杀害儿童和平民是不合法的。然而,将他们俘虏囚禁是否合乎法律呢?维多利亚认为,萨拉森人的儿童和妇女可以被俘虏,变成奴隶;而至于基督徒,他认为,人们都普遍认为战俘不应当变成奴隶。他总结说,即便俘虏儿童与妇女是战争目的不可或缺的一部分,他们也不应当被贬为奴隶,而应当被用来要求赎金。在这点,他的建议也是十分审慎的。

弗朗西斯科·德·维多利亚说:"在攻防双方的战斗过程中,杀死参战人员是合法的,但是当一方取得胜利,危险已经消除之后,曾经参加战斗的那些参战人员都应当被处死呢?"他的答案是,这必须要考虑到所遭受的不义与伤害程度;应该禁止所有的残暴、非人道行为。此外,他还说,严格说来,即便可以将所有曾经参战的战俘都处死,然而,战争的习俗和惯例(consuetudo et usus belli)一般都是,在战争获胜后,战俘得到宽恕,除非他们死有余辜。

维多利亚对战利品做了一些规定。他支持普里埃里奥的西尔维斯特(Silvester de Prierio)的观点。后者认为,人应当知足常乐,因此,所获得的赔偿就应当同所受到的伤害相当。维多利亚说:"假设法国劫掠了西班牙某个并不重要的城市或地区,那么西班牙即便有能力也无权侵略整个法国。"他鲜明地反对洗劫和焚烧城市,他承

---

① H. Grotius, *De jure praedae commentarius, ex auctoris codice descripsit et vulgavit* H. G. Hamaker(The Hague, 1868), p. 29.

认，必要性常常可以为这些残酷的行为开脱，但是，他所强调的是在此类的情形下人们由于嗜血成性而造成的野蛮行为。

维多利亚提到了一个与我们今天所谓的武装占领相关联的问题。长久地占领、占据着原本属于敌人的某个地区、要塞或城市是否合法？弗朗西斯科·德·维多利亚做出了肯定的回答，但前提是占领的目的是为了获得赔偿、为了保证安全、为了报复遭到的不义或者为了进行惩罚。他认为，战争的必要性与理性（necessitas etratio belli）都可以证明所采取的行动的正当性。他要求应当审慎而为，并坚持，在战争结束时，征服者只能占领那些用于赔偿遭受到的伤害以及因此导致的费用的东西。他不断地重复如下鲜明的观点：

"Superior judex potest commode mulctare authorem injuriae, tollendoscilicet ab eo civitatem, aut arcem. Ergo et princeps, qui laesus est, hocpoterit, quia jure belli factus est tanquam judex"。

还有一个问题，即是否可以向被征服者索要贡奉（tribute）？维多利亚肯定地回答了这个问题。索要贡奉是合法的，因为，这既是为受到的伤害获得赔偿，同时也是在施加惩罚。

还有一个问题，我们可以推翻敌人的君主并在拥立别的君主替代他们吗？我们可以自己僭取主权权威吗？根据弗朗西斯科·德·维多利亚的观点，这里仍然应当铭记如下的格言：即惩罚永远都不应当超出所欲报复的罪行的程度。

弗朗西斯科·德·维多利亚提出了如下三条准则作为全文的结束：首先，君主不应当千方百计地找寻机会发动战争，他应当尽力和所有人类保持和平；如果他发动了战争，他就肯定怀有恶意。其次，当有正当理由发动战争之后，交战双方都不应当将目标设定为毁灭帝国的人民，他应当仅仅致力于防卫自己的祖国，以实现和平与安全。再次，当战争取得胜利之后，应该以基督徒的审慎行事，征服者应当把自己视为法官,对交战的两个国家做出判决,其中一个遭受到不义的伤害而另外一个则犯下了不义的罪行;他应当尽力看到如何能够在对有罪的政治共同体施加尽可能少伤害的前提下使自己得到满足,因为在基督徒中间,错误通常都是归咎于君主自己,因为惩罚那些为各自君主作战的臣民是一件不正义的事情;我们也不应当承认诗人吟咏的格言警句,他们认为:希腊人应当承担他们君主的错误造成的后果(Quidquid delirant reges, plectuntur Achivi)。

五、

在我们承担的这样一项研究中,我们不得不把我们自己的观察领域限制在一些最重要的问题上,因此,也必定会忽略掉一些特别的问题,它们本身可能是饶有趣味的。我们已经提到过弗朗西斯科·德·维多利亚能够令其著作在形式上达于精妙,而这部著作他原本并未想要将其公之于众,而且在其有生之年也确实并未出版过。我们已经谈到,维多利亚拉丁文法的清晰准确性。我们已经尝试着概述了维多利亚的理论,以及其中蕴含的理性的力量。我们不会再次强调其著作字里行间透露出的人道与仁慈精神。下文我们将主教考察这位博学的教授所引用过的那些作家,我们可以看到,他的研究所涉及范围是多么的广泛,而他在研究领域内的知识积累是多么身后。

维多利亚大量地引用了《圣经》新约和旧约以及教会教父尤其是圣奥古斯丁的观点,他还常常提到亚里士多德的理论。这些在其著作中都是显而易见的。维多利亚所提及的那些神学家和教会法学家们大部分都是中世纪著名的作家,包括:格拉提安及其《教令集》、圣托马斯·阿奎那及其《神学大全》、对教会法进行评注的作家们、以巴托鲁斯为首的对罗马法进行评注的作家们；之后是一些更不知名的作家，例如阿尔提西奥多仁西斯（Altissiodorensis，即欧塞尔的威廉 [William of Auxerre]）以及13世纪的另外一位博士巴黎的威廉。此外，还有阿玛枢机主教理查德·菲兹拉尔夫、约翰·威克立夫、威廉·奥卡姆和让·德·将顿（Jean deJandun）。此外还必须提到胡安·德·托克马达。有一个细节表明维多利亚对这位作家特别地进行了关注和准确地引用：他提到胡安·德·托克马达，并想起，在1431年出席巴塞尔大公会议的主教们都肯定大公会议的权威高于教皇的权威时，托克马达曾经写下了支持教皇权威的著作。他说："Contra quos Cardinal de Turrecremata fecit opusculum, quod vocavit 'De decretoirritante,' in quo contrariam sententiam contendebat ostendere. Sed illumlibrum ego invenire non potui"。被维多利亚提到的作家还有我们前文已经提及的卡杰坦，以及西尔维斯特·马佐里尼（Silvester Mazzolini）。维多利亚主要引用的是他们的《反省大全》（*Summa poenitentia*）。正如我们上文所说，卡杰坦同样也是多明我修会成员，他出生于该塔（Gaëta），他的名字也是从这个地名而来。从1508到1518年间，他是多明我修会的总会长。1517年，列奥十世任命了31位红衣主教，其中就包括他。他死于1534年，并享有当时最伟大神学家的声誉。西尔维斯特·马佐里尼出生于皮埃蒙特（Piedmont）的普里埃里奥（Prierio），同样也是多明我修会修士，他被列奥十世任命为圣宫主管（Master of the Sacred Palace），1523年去世。据说，"他天生就是一位经院神学家，并且是圣托马斯的狂热追随者。"弗朗西斯科·德·维多利亚还引用了1446年到1459年佛罗伦萨枢机主教圣安东尼乌斯（St. Antoninus），此君以著作《忏悔录》（*Confessionale*）而广为人知。

同样应当注意到《神学重释》许多万民法方面的作家所引用。

要详尽细致地在这方面做考证将会是一件无比艰巨的任务，但可以提一些有趣的细节。

弗朗西斯科·德·维多利亚受到高度的推崇，《神学重释》中的许多文字也被收进了《七编》中。这点正如格里高利·洛佩兹·德·塔瓦尔（Gregory Lopez de Tavar）所评论的那样。

阿尔贝里克·真第利（Alberico Gentili）做出了崇高的评价。这位著名的牛津教授丝毫不吝惜赞美之词。在其著作《论战争法》（*De jurebelli libri ires*）中，他很高兴地引用了这位西班牙神学家的观点，并且写道："以博学的维多利亚为鉴证（testatur doctissimus aVictoria）"。

我们上文提到过，格劳秀斯在其1625年出版的伟大作品《战争与和平法》的序言中曾经引用过弗朗西斯科·德·维多利亚。我们同样也发现，他在其他作品例如1609年的《海洋自由论》以及《捕获法》中都引证过维多利亚。《捕获法》事实上是格劳秀斯1604年写作的一部著作中的一个章节。《捕获法》的手稿到1868年才被发现，并被首次付梓出版。在这部最后的作品中，格劳秀斯经常引证萨拉曼卡这位博学的教授，尤其是在政治共同体应当拥有自己的会议与权威这一特点上。

1633年出版了托马斯·康帕内拉（Thomas Campanella）的《太阳城》（*Monarchia Messiae*）。在这本书中，作者提到了维多利亚关于西班牙国王对于新大陆统治权的理论。但是由于他是一位高傲的教皇权威论者（ultramontane），他将西班牙国王对于新大陆统治权的合法性归因于教皇，教皇划分了西班牙和葡萄牙各自的统治范围。在他看来，这一权力范围划分是教皇以君主和法官的身份做出的。对于康帕内拉来说，教皇是"一切生者与死者的裁判，是尘世君主和国王的裁判，是万王之王，是万君之君"。

1635年，约翰·塞尔登的《海洋闭锁论》出版了。他提到了维多利亚,但塞尔登反对维多利亚的观点。

我们上文已经讨论过弗朗斯西科·德·维多利亚在西班牙国内的影响,他以某种方式复习了西班牙的神学教育。事实上,他是著名的萨拉曼卡学派的奠基人。据说这一学派是从多明我修会得到了灵感与激励,并且也包括了多明我修会中最伟大的修士。一位历史学家写道:"这里聚集了如此众多的博学之士,他们中,我们几乎无法决定谁最值得推崇,这真是异乎寻常的一件事。此前,西班牙多明我修会有如此众多的大师,这真是史无前例,后无来者的事情。"①

《神学重释》的作者的影响由于源源不断的追随者产生的作用而得以不断延续。其中有一位拥有很高声誉的学者赫尔曼·康宁(Hermann Conrin)。1606年,他出生于弗里西亚(Frisia)的诺登(Norden),被召至海姆施塔特大学(University of Helmstaedt)任教,死于1681年。阿方瑟·李维尔(Alphonse Rivier)是如此评价维多利亚的:"他是一个无比博学的人,是神学家、医生、法学家、德意志学家(Germanist)、罗马法学家(Romanist)、国际法学家、外交家和哲学家,身形娇小却拥有伟大的智慧。"在《论世界上公共物的取得》(*Examen rerum publicarumpotiorum totius orbis*)一书中,赫尔曼康宁花了一章的篇幅描写西班牙。在关于西班牙的论述中,他尤其提到了西班牙学者们引起的经院神学的发展,他发现,西班牙是欧洲唯一一个产生了如此众多天才作家的国家。他引用多明戈·邦内斯(Domingo Bannès)的话作为例证。邦内斯是多明我修会成员,阿尔卡拉(Alcala)、巴拉多利德和萨拉曼卡的神学教授。他将西班牙经院神学强有力发展的原因归于弗朗西斯科·德·维多利亚。邦内斯说:"他在巴黎求学,但是他远远超越了他的那些老师。"康宁告诉我

① D. A. Mortier, *op. cit.*, vol. V(Paris, 1911). p. 385.

们,邦内斯将西班牙经院神学的发展的原因归咎于幽暗的气质(the sad gravity)。在邦内斯看来,这点使得西班牙作家们与众不同。在这点上,康宁同意邦内斯的观点。他给予了弗朗西斯科·德·维多利亚极高的地位。他写道:"他有一本著作名为《神学重释》。这是一本极其有用的书,不仅对于神学家有用,同样对于法学家也多有益处。因为,它极其详尽而又微妙地讨论了许多道德问题。我总是怀着崇敬之心不断地阅读这本著作。"①

海姆施塔特教授坚持认为,弗朗西斯科·德·维多利亚是第一个在法律问题中提出道德问题的人。同时他还认为,西班牙人此后继续以这种方式研究神学与哲学,而类似的作品在法国、荷兰和德意志几乎都是看不到的。这些国家学者的心智似乎不适合此类研究。他接着说:"常常我都惊讶于格劳秀斯所取得的成就,他在此类作品中造成如此巨大的进步,这是其他作家通常无法实现的。无疑,格劳秀斯的天才是令人称奇的。然而,他在哲学上具有杰出才华并写作了无与伦比的著作《战争与和平法》,如果说这点应当归因于他阅读了西班牙法学家费迪南德·巴斯克斯(Ferdinand Vasquez)和迭戈·科瓦鲁维阿斯(Diego Covarruvias),那么,他们反过来又利用了他们的老师弗朗西斯科·德·维多利亚的作品。他经常引用维多利亚的观点。西班牙的法学和法国法学有很大差别。在法国,我们只能赞誉库贾、奥特曼、宝杜和其他一些人,他们的著作带有更多的文学气质。但是,在西班牙,自然法得到更严密的考察,并且只有在西班牙,自然法才得到广泛的教授。而所有这些差别都应该归功于弗朗西斯科·德·维多利亚。同样的评判也适用于哲学。在西班牙,

---

① Hermann Conring, *Opera* (Brunswick, 1730), vol. IV: *Examen rerum publicarum potiorum totius orbis*, chap. 1 (De republica Hispanica), p. 77.

道德哲学获得最广泛深入的研究。正是维多利亚在道德哲学上所具有的最真切的知识激励了西班牙的学者们。与西班牙相比，的意志和法国的作家们就显得浅薄了。正是由于我们指出的这个原因，西班牙在形而上学的研究上取得了非凡的成功。在形而上学的研究上，幽暗（sadness）以及严肃（seriousness）的气质都是前提条件。在物理学研究方面，西班牙人真真还只是孩子。因为物理学的研究是男同性恋者从事的（a gayaffair），因此，他们只研究了其最幽暗的一面，即医学，却忽略了更加宜人方面。由于同样的原因，人文主义的研究在西班牙也极尽衰微。在西班牙无数的学者中，几乎很难找出一位，能被赞誉为文艺天才（belles-lettres）。玛丽安娜（Mariana）和巴克莱（Barclay）都注意到了这一事实。在神学家中间，值得注意的是西塞罗主义者梅尔科尔·卡诺。在耶稣会的建议下，菲利四世曾经在马德里创立了一座皇家学术院，当时，在整个西班牙，包括在耶稣会会士中都找不到一个精于文艺（belles-lettres）的作家。在西班牙，只有一个现代的历史学家，就是玛丽安娜。”

19 世纪的国际法学者们也并没有忽视弗朗西斯科·德·维多利亚的功绩。在《欧洲与美洲万民法的历史》（*History of the Law of Nationsin Europe and America*）一书中，亨利·威顿（Henry Wheaton）提到了维多利亚，并给予了极高的赞誉。他花了 7 页篇幅分析《神学重释》中和万民法有关的两篇论文。另外一位伟大的作者，詹姆斯·洛里梅尔（JamesLorimer），法哲学家和法官，曾经普遍地赞美过 16 世纪西班牙作家，他尤其称颂维多利亚。他写道：“从这些论述中，读者们不难发现直到我们这个时代以来，人们通常对待经院法学家的态度是极端不公正的。就连巴贝拉克（Barbeyrac）一样博学多才的作家，在他为普芬道夫著作所写的著名的序言中，其仅有的几句敷衍了事的论述也不能例外。他为普芬道夫著作写作的序言也是格劳秀斯著作的序言,它同时是这两部著作的序言。事实上,自从宗教改革以来,新教对罗马天主教的偏见是如此强烈,它使得人们无法对天主教作家们的作品进行公正地评判,即便他们熟悉天主教作家们的作品。而事实是,他们几乎不阅读天主教作家的作品。”[1]

在一篇导论性质的讲座中,牛津大学的杰出教授托马斯·埃斯金·霍兰(Thomas Erskine Holland)对这位著名的西班牙作家同样给予了很高的赞誉。这个讲座的内容后来被收入到1898年出版的著名的《国际法研究》(*Studies inInternational Law*)一书中。另外一位英国学者,托马斯·阿尔弗雷德·沃克(Thomas AlfredWalker)在1899年的《国际法史》(*History of the Law of Nations*)中花了若干页的篇幅分析《神学重释》。最后,在博学的法国教授安东尼·皮雷(Antoine Pillet)主编的著作中,. 约瑟夫·巴瑟雷米(Joseph Barthélemy)对弗朗西斯科·德·维多利亚的生平与著作进行了详尽的研究。[2]

至此,本文可以告一段落了。我们已经详尽地讨论了格劳秀斯的伟大先行者的生平与活动。由于其理性的力量,高贵的情感以及对人类的深切关爱,弗朗西斯科·德·维多利亚至今仍然是一位伟大的人物。他为人审慎、单纯、善良,是真理与正义的坚定保卫者。凡是阅读过他的作品的人,无不都对作者肃然起敬。这也就是我在此要不揣冒昧地论及这个伟大的名字,并对其致以最崇高敬意的原因。

恩内斯特·尼斯

1913年8月20日

于大不列颠图书馆

---

① James Lorimer, *The institutes of the law of nations*, vol. I(1883), p. 71.

② *Les fondateurs du droit international, leurs oeuvres, leurs doctrines*, with an introduction by A. Pillet(Paris, 1904), p. 1 et seq.

1580年因戈尔斯塔特版本致读者

"论印第安人和论战争法"——《神学重释》第十二部分
作者弗朗西斯科·德·维多利亚
萨拉曼卡大学神学首席教授
译者约翰·珀雷·贝特(John Pawley Bate)
伦敦内殿律师公会罗马法和国际法教授
(略去英译者贝特的翻译说明)
(1696年版本扉页和目录页)

(*The Title-Page of the Edition of 1696*)

THE RELECTIONES IN MORAL THEOLOGY OF THE VERY CELEBRATED SPANISH THEOLOGIAN, FRANCISCUS DE VICTORIA,

comprised in two volumes, in the order shown overleaf,

Formerly published at Ingolstadt, and now, because of the lack of copies and the nobility of their contents, revised and furnished with a twofold index by the toil of

JOHANN GEORG SIMON, J. U. D.,
Counsellor and Professor of Halle.

"A work of the utmost utility alike to jurisconsults and to theologians." [Conring]

COLOGNE AND FRANKFORT,
At the cost of AUGUST BOETIUS.
1696.

致基督教读者，万福：[①]

我们已经决定要在因戈尔斯塔特出版弗朗斯西科·德·维多利亚的十三篇"神学重释"。维多利亚是迄今为止萨拉曼卡大学最为博学的神学家。萨拉曼卡大学在我们父辈的记忆中人才济济，学术兴盛。我承担起了对这些著作进行校订的工作。这项工作得以完成有赖于得到了许多博士的帮助，他们都十分钦佩维多利亚的盛名，热烈地崇拜这位伟大的人物。在完成授予给我的这项任务的过程中，我发现，有一些情况值得向读者们做更准确的交代，包括：在校订、准备出版过程中鄙人所付出的劳作和艰辛，创作这些"重释"的作者的性格及其伟大之处，德意志的读者们阅读这些"重释"能够得到的利益和好处——德意志的读者们看起来对于这些"重释"中多使用的训练有素的经院哲学讨论方式是极为陌生的。

亲爱的读者们，除非你们把眼前的这个版本与里昂本和萨拉曼卡本进行细致的对照，或者通过我们的描述对于这些不同的版本特点有所了解，你们永远也不会相信为了对维多利亚的这些著作进行校订，我们花费了多大的精力。因为起初我也只使用里昂本进行校订工作，在第一卷中我就校订出许多错误，而且印刷商已经前五页的印制工作。这时，出乎我的意料的是，我获得了一个更加精良的萨拉曼卡版本，这点是我很难相信的（因为我从未想到还有这么一个本子存在）。我得到萨拉曼卡版本的经历是这样的：受人尊敬的格里高利乌斯·罗斯费乌斯（Gregorius Rosephius），奥格斯堡[②]的一位牧师在拜访我的过程中，了解到了我所担负的这项校订里昂版本

① 这篇序言由西蒙添加到他的版本中的。这篇序言同时也出现在了1580年因戈尔斯塔特版本中，并且是以编者"致基督教读者"的一封信的形式出现的。编者自称是"因戈尔斯塔特神学博士之一"。

② 或者一些版本拼作"Augusta."——英译者注

（我正在对这个版本进行重大的校订）的任务的繁琐艰巨，并且发现，我所指出的一些文句已经不可修复地损毁脱漏了。他热情地引介我结识了出身高贵的贵族马库斯·富格尔（Marcus Fugger，他正肩负着保卫公共利益的重任），在他的引介下，我从著名的富格尔家族图书馆中借来了一本萨拉曼卡版本。里昂版本存在着多少错误与脱漏啊！对此我真是无以言表。读者们一定要读读萨拉曼卡版本中的"致读者的信"才会明白。这封信是阿隆索·穆诺兹兄弟（Brother Alonso Muñoz）放在萨拉曼卡版本开头的。在这里刊载出这封信的一部分看来也是十分合适的，因为它同样也包含了对作者的颂扬，因为在这封信中提到了这位最博学多识的作者的不少追随者。

"忠实的读者，当时我正在萨拉曼卡，忙于试图帮助多明戈·索托兄弟校订《嘉言录》（*Sententiae*）的清样（当时开始印刷了）。这时，我眼前出现了一本标题十分引人注目的小书。不过这本书却有着数不清的印刷商的错误以及模糊含混之处。印刷如此低劣的书不仅对于整个神学院，对于作者也是一种羞辱和伤害。看到这么薄的一本小书中就包含着如此众多令人不可置信的、令人啼笑皆非的错误，无论是谁都会感到惊讶。同样，看到轻率的检查官们居然能为最负盛名的大师作品颁发许可证而不受到丝毫惩罚，这也是令人感到遗憾与悲哀的一件事情。这本小书的标题是：'尊敬的神父、多明我修会弗朗西斯科·德·维多利亚兄萨拉曼卡大学前任神学首席教授的重释'。你们看，这些题字多么公正，同时又多么令人期待。确实，对于这点，用普林尼的话来说，这份保释金可以被没收掉了。

"当时，我是在萨拉曼卡偶然发现这本书的，当时它刚刚出版。我便带着最强烈的热望开始阅读这本书，当我打开呈现在我眼前的这本书的第一页，我几乎不敢相信自己的眼睛。瞧啊，我看到在圣职买卖这一主题上存在一些不虔诚的错误。这几乎使我火冒三丈。

然而,我没有就此打住。这样的错误只要有基本学识的人都能轻易发现。我继续读下去。随着阅读的深入,我不断地发现更多的错误,甚至还有许多脱漏。我意识到,这样低劣的作品是无论如何也不能忍受的,我就把书带给令人难尊敬的神父多明戈•索托兄弟和梅尔科尔•卡诺兄弟看。他们鼓励我,可以由我自己去应对我自己的指责,即由我自己根据最准确的副本对这本书进行校订。萨拉曼卡大教堂教士弗朗西斯库斯•桑提乌斯(Franciscus Sanctius)师父(他同时也是萨拉曼卡文法学校(gymnasium)道德哲学讲座主席兼书报检查最高裁判所官员)听闻了此事。他找到多明戈•索托,和他讨论了这件事。在这位弗朗斯西库斯的建议下,我应召重新从他们俩这儿接受了这道命令,'去把这座斯巴达城装饰一新'。

"这样,尽管我十分清楚这是一份十分烦人的差事,要完成好它需要花费许多艰辛的劳动;我也十分清楚要校订和修复别人的纪念丰碑,尤其是如此残破不堪,编排如此混乱,(正如我已经指出的那样)遭到如此轻率、肆意对待的一部作品是要付出多少不体面的辛劳。然而,出于对这部作品本身及其作者维多利亚本人的热爱以及在我的老师们权威的感动下,我毅然决定承担起这份我已悄然爱上的重担。"

此外,在这封信中,穆诺兹还写道:

"现在,你们可以享受你们的好运,享受我们日夜操劳艰辛付出之后的成果。我们敢(毫不夸张地)说,您眼前这本再也不是之前那本沾满污泥的(muddy)作品,更不是此前一无是处的作品(mud)。摆在您眼前这本是一本洁净、清洗的作品,整本书金光闪闪,闪耀着光芒。这些,只要您亲自打开书体验一下便能轻易发现。当您打开书本时,如果您能把我们呈交给您的这本书和我们校订过的那本书即雅克•博伊尔1557年匆匆出版的那本书做一比较,您就会发现这两本书的差别。在我这本书之前,几乎可以说,什么也没有出版,而在这本书之后,其他出版商们再也不敢轻易再版,他们都害怕承受我们付出的辛勤与艰辛(无论它们多么微不足道),这些艰辛也许他们永远也无法体会。”

从这些话中,我的读者们,不用我们再多说什么你们就会发现,里昂版本存在着多少的错误与疏漏啊,而1565年萨拉曼卡版本相比就好得多了。但是,我不明白是什么不幸的原因导致了这个如此洁净、清洗、光芒闪烁的萨拉曼卡版本也出现了许多错误和瑕疵。这些错误与瑕疵的数量不在少数,并且也不是微小的错误。萨拉曼卡版本中许多错误是里昂版本原来就存在的,而同时,萨拉曼卡版本本身也存在许多属于它自己的错误。这些错误需要通过核对里昂版本或以其他方式加以校订。那么,亲爱的读者们,既然甚至连萨拉曼卡版本都存在着这么多的错误,我该怎么办呢?因为原本我还希望依靠萨拉曼卡版本为底本参考其他版本进行校订工作呢。难不成我必须誊抄整个萨拉曼卡版本(因为将萨拉曼卡版本出借给我吗的那位高贵的人曾经要求,不得将这本书交给任何出版商,也不能在这本书上做任何标注),并将抄本交给出版商印刷出版吗?我没有这么多时间来干这件事情,即便有,这样的做法对于校订萨拉曼卡版本来说也无济于事,因为正如我们所谈到的那样,这个版本也存在许多值得疑问的瑕疵和错误。或者,就像我在获得萨拉曼卡版本之前已经校订了里昂版本的一部分那样,我可以将整个里昂版本校订完成,并将校订好的版本交给出版商。这种做法同样不切实际,因为,比起萨拉曼卡版本来说,里昂版本错误更多,而且也更严重。并且,除非我们依赖萨拉曼卡版本来校订里昂版本,否则,我们借来萨拉曼卡版本就变得毫无意义了。

因此,我是这样解决这个问题的。从出版商停止印刷的地方(他大约已经印刷了五页，以字母 E 为标记），我和另外一位参与到这项工作中来的智慧的同事一道，将这两个版本互相参照核对，以里昂版本为底本通过核对萨拉曼卡版本尽我们最大能力来核对校订里昂版本。因为萨拉曼卡版本并没有严重的错误，而里昂版本又可以送交给出版商。但是，一旦在萨拉曼卡版本中发现存在重大、明显的错误时（因为我自认为自己还能够依赖自己的判断来更正其中一些细微的错误），我就会请教最著名的神学家和哲学家。这样，在通盘考虑过两个版本中维多利亚全部的文字和观点（这样做看来是有助于理解作者的观点的）之后，我就能够通过众人的集体智慧来改正这些错误。有些时候，就算我们全部的人一起都很难找出一个原则或方法，复原某些脱漏掉的文段。任何对此有疑问的人都可以参读这两个版本中编号 10 中的“重释慈爱的增长”（Relectio on the Increase of Charity）中的一个段落，只要他能按照原文的含义参透作者的确切含义，那么他就足可以指责我们校订是犯下了错误，或者不尽心尽力。

我们就是以这样的原则互参核对两个版本，将这本书校订完的。我们同样也参考了萨拉曼卡版本对前五页进行了细致的校订。我们上文已经提到，这五页内容已经先行交给出版商印刷了。我们这样做是为了保证能够对整部作品进行完全、彻底的校对。对于那些我们无法校订其中存在的错误的各页，我们将其附录在全文最后，勘误表的末尾。

这确实是一项艰巨而繁琐的工作。但是在依照萨拉曼卡版本校勘维多利亚正本著作的过程中，我们肩负的更加艰巨而繁重的任务是改正、修订整本著作中的注释，并添加一些评注。由于这两个版本都残破不全，而且作者当初只是将这些文字作为讨论的讲稿，所以似乎并不特别留心所用文字，不特别在意文段的顺序，因此，我们的这项工作又变得更加繁琐与困难了。由于维多利亚具有的明慧的洞察力(这种能力即便许多极其博学之士也缺乏),他往往能一针见血地点到事物的实质。因此,有时候维多利亚似乎用过于简明、学究气的讨论方式;有时候他又会忽略掉回答刚刚提出的问题;有时候,他又会对同时提出的几个问题给出一个答案;有时候,在讨论某个假设的问题或反驳某个观点时,他又会插入一些问题和疑问,并以他自己的方式加以解决;有时候,他又会忽略掉“重释”课开始时自己提出的有待讨论的所有问题,就像在“论婚姻”和“论节制”这两个“重释”中那样。

我们的工作并未止步于此,我们还有第三项工作要完成。在著作付印之后,我们还要对整本书进行检查,既为了完成字母索引,同时也为了订正印刷错误。在完成这项工作时,我们也投入了和我们此前工作中同等的精力与努力。这样,我们所完成的这个版本就比之前出版的版本要完善、正确得多,我们修订了其中大部分的瑕疵和错误。它们要么是后来产生的,要么是先前没有被人发现的。我们已经将其中少量但更加重要的错误附录于本书末尾的勘误表中。从这份勘误表中,亲爱的读者们,你们会发现,本书末尾附录的所有错误并非都是由于印刷者的粗心大意导致的,它们的产生有可能是由于我们所使用的这两个版本的脱漏状况导致,也有可能是由于我们没有足够的能力进行更加彻底的检查与校订。然而,我们还把其中某些段落原封不动地附录在书后。我们仔细地讨论过这些文段,但是对于如何校订它们仍然举棋不定。因为这些文段在两个版本中都出现,或者至少在萨拉曼卡版本中出现了,为了不至于使某些人指责我们在校订他人著作时过分随意,我们就将其附录于书末。

关于这些“重释”的作者,我能确定的只有如下这些内容:他生活于西班牙国王、皇帝查理五世时代,他是多明我修会成员,他是该修会的荣耀。他广受人们的称赞,人们尤其对他敏锐的智慧、审慎的判断和扎实的理论交口称赞。他门生众多,其中并不乏杰出之辈(他们中许多人都通过他们出版的著作而闻名天下,例如梅尔科尔·卡诺 [Melchior Cano] 和多明戈·索托 [Domingo Soto])。此外,他威名远播,以至于对他的崇拜者来说,他宛若普罗塔哥拉再世。他被博学多识的神学家和哲学家们誉为他那个时代神学家和哲学家中的翘楚与君主,以致国王们都向其咨询。*(一)西班牙的天主教君主把困扰着他们良心的案件提交给维多利亚裁断,例如有关新大陆被征服的领地的案件,以及有关被英格兰国王休掉的妻子的问题。这两个问题在本书中都将得到讨论。西班牙的君主们渴望在这些事务上获得维多利亚的建议。结果看,维多利亚依赖他自己并非不了解的权威,总是能够按照自己良心的要求对君主(二)甚至教皇的主张做出最自由的判断。当我仔细考虑这个问题时,我常常怀疑这些人中究竟谁更加值得颂扬。在维多利亚身上体现的是以他的权威和无人能及的博学为基础的自由的言论;在西班牙君主甚至教皇身上体现的是独有的审慎心智以及了解并支持正义与真理的愿望。因此结果便是,西班牙国王和教皇都能平静而愉快地接受这位有学问的人的责骂和批驳(当维多利亚阐发的理论原则要求他这么做时)。*[①] 因为,这些聪慧过人的君主们铭记着如下的格言(它们出自另一位君主的笔下):"正义的人可以怀着怜悯之心指责我,责骂我,但是决不允许有罪的人的油滴落在我的头上。"[②]

因此,我们今天那些异端嘲笑修道院修士们粗鲁无文,一味谄媚教皇个君主,这是不公正的。确实,如果把这些异端和我们的弗

---

① 星号之间的这些内容在原文中是以引文的形式出现。——英译者注

② Ps. 140(Vulgate).

朗西斯科·德·维多利亚比较一下,他们就会发现自己既配不上神学家名号,同时也没有写下合乎真理的只言片语,只不过一味地讨好君主。因此,维多利亚对萨拉曼卡大学,并且对西班牙都做出了巨大的贡献。前文提到过的阿隆索·穆诺兹在致西班牙最尊贵的君主查理时,曾写道:

"整个西班牙都应当大大地感谢这位杰出的人士。他在许多方面都配得上这种赞誉,在其中一个方面他尤其值得尊重。西班牙的神学一直都混乱不堪,满是尘土,甚至沾满泥污,看起来支离破碎,并且一直以来都寂静无声。正是由于维多利亚一人之力,西班牙的神学恢复了洁净明晰,变得光芒四射,恢复了其原初的纯真、美丽和高贵,变得秀丽、典雅、强健,仿佛获得了迟来的重生一般。目睹这一切的不仅仅有森都利亚们(centuriae)[①],还有他的追随者中的伊利亚特们(Iliads)[②],从这些追随者中,他的学派向四处传播开去。"

亲爱的读者们,现在除非你对"重释"一词不甚了解,你们都应该知道,在萨拉曼卡它指的是一种神学练习方式,非常类似于我们先辈时代在最著名的大学里举行的被称为(quodlibeticae quaestiones)的辩论活动。这些问题(quaestiones)看起来更加复杂,它们在一整年日常的"论辩"(prelections)中已经被讨论过,之后,再被提交到一位最有学问的学者公开讲授的"重释"课(relectiones)上由同一位学者重新讨论。如此,这些问题就能够比先前更加准确地得到解答,并得出最终的结论。而且,由于维多利亚毫无争论是当时神学家的君主,尤其在西班牙人中如此,读者们就会发现,这些

---

① 诸如由马格德堡的森都利亚们(作者十分不喜欢这些人)这些人编撰的。——英译者注

② 将 Iliades 拼成 Yliades。Ilias 在希腊文里经常被涌来表示一大波东西,例如 Ilias kakon。——英译者注

“重释”课讨论之后得出的结论有多么重要。它们都得到了最有才学的神学家的检查和考量,就像经过最精巧的金匠雕琢过一样。因此,它们远比我们今天那些异端们肤浅讨论之后得出的结论要坚实、牢靠得多。这些异端们显然都是胸无点墨,缺乏判断力的。

尽管这些“重释讲义”似乎更加贴合西班牙人而非德意志人的气质,因为,西班牙人更喜欢训练有素、简明的神学论述方式,而后者则偏爱庄重并富于修辞的论述方式。然而,要是我们既看到这些“重释讲义”中所使用的论辩方式,又看到其充满学识的结论,那么,这些“重释讲义”就会给德意志人带来许多好处与利益。因为,如果我们周全地考虑一下,从一波波错误的观点和异端的观点在这里开始侵蚀教会这艘大船时起,神学就已经几乎被所有人(他们似乎担心反对经院哲学家和经院神学家们的异端们的攻击)剥夺了哲学学院和神学学院对其的保护和武装,完全蜕变成一种修辞性甚至文法性质的推理游戏。由于这个原因,要么那些匆忙地(with unwashed hands)接近这门神圣学科的人并不能比一位擅长语法或修辞的人取得更大的进展,要么由于他们自己的无知,无法掌握辩论与判断的方法,因此错误的观点开始产生或者得到辩护。总之,我们就这样被引导到一个错误的观点(西塞罗曾经证实,他也遭遇过同样的境况),认为缺少修辞术的神学理论对于基督教共和国是没有很大用处的,但是,缺少理论的修辞术本身却常常带来许多的害处,绝对不会带来任何好处。因此,如果人们要是无视这些有益的、正确的神学和神圣理论的研究,而将其全部精力用于练习演说和写作,他就正在把自己变成一个废材,变成危害国家的公民,变成残害教会母亲的弑亲者(parricide)。相反,他要是能够用修辞术武装自己,并且不会以此反对自己国家的利益,反对教会的理论,而能为了国家与教会而战,那么在我们看来,无论对于他自己还是对他祖国的利益来说，他都是栋梁之才，是爱国的好公民，是教会母亲的孝顺子孙。

亲爱的读者们，我之所以论及这些事情，并不是因为我想以这种方式推销神学，也不是说弗朗西斯科·德·维多利亚还有其他的西班牙人欠缺点烟或者不善言辞，更不是说德意志人缺乏牢靠的学问。因为，我知道维多利亚在他的《神学重释》中使用的修辞对于他的主题而言已经是极限了，而且其他的西班牙学者也有能力文采飞扬地演说和写作，尤其是当他们乐于放下经院学派的言说方式。同时，我也知晓，德意志人中在神学理论和哲学理论方面造诣颇深之人并不在少数。我想要说的是，如果德意志人能够勤勉地将诸如维多利亚此类的西班牙人牢靠的经院神学同他们自己通常采用的庄重、富于修辞的学问融会贯通，那么德意志的神学家们将最大地嘉惠于他们自己的国家。

此外，这些"重释讲义"中的成果在许多方面都是极其丰富的，无论是作为他人师长的人还是其他的人都能从中得到好处。因此，我们很有必要一个个简要地介绍一些各个"重释"的大意。

在第一个"重释"中，作者论证了教会拥有两项不同的权力，即宗教的权力和世俗的权力，而且前者比后者更加强大。因此，路德派以及其他一些人的错误理论就被推翻了，他们或者认为这两种权力是平等的，或者认为宗教权力低于世俗权威。

"重释二"的标题是"论教会的权力"。在这一"重释"中，异端们坚持的两种教条被驳斥了。一种认为严格的宗教和精神权力从一开始并且其本身就普遍存在于整个教会中，正如世俗权力也以同样的方式存在于世俗国家中一样。另一种观点认为，所有基督徒都是牧师，并且都是平等的，因此，宗教权力没有秩序也没有等级。

"重释三"讨论了世俗权力的必要性、起源和力量。这一"重释"的权威尤其巩固，它确保了路德有害的教条自身就土崩瓦解，虽然路德的理论已经导致不可胜数的愚顽民众的信念解体。

“重释四”详尽地讨论了“教皇和大公会议的权力”。这一“重释”尽管看起来对于那些与异端或沾染上异端行为的人进行斗争的人来说似乎并没有用处，但事实上即便对于他们也是有用的。因为，随着教皇以及大公会议的普遍权力的范围得到解释之后，教皇与大公会议各自的主权权力和权威与此同时也以其特有的方式得到了解释。因此，如果教廷以及大公会议的权威都得以确立，并且在德意志人中间确立起优势地位，那么它导致的结果显而易见就是，德意志人在也不用受派系分歧的搅扰，所有的异端都能得到清除。这真是堪比拨开乌云现白日啊。

“重释五”题为“论印第安人”(人们通常将新大陆的野蛮人成为印第安人)。尽管这片“重释”看起来是作者为答复西班牙国王而做的，然而，它包含了许多对于所有处于和西班牙国王们处于类似处境的人来说极其有用和有益的见解。这些问题包括，一个人当他存在一些良心上的困惑时，他应当听取在这方面明智、有学问的人的建议；他应当遵循他们给出的建议，即便他们经常也会犯错；西班牙君主拥有哪些不合法以及哪些合法的权利主张，可用以将外国土地和人民纳入到自己的统治权力之下。在经过细致的讨论后，这些问题都得到了解决，受困扰的良心也得到公开的教导，明白了在这方面什么不应该做，什么可以做。

“重释六”题为“进一步论述印第安人，或论战争法”。这篇论文包含了许多国王和君主们应当遵循的有益的建议。遵循这些建议，他们就能够以合法的方式发动战争。其他所有人也能从这篇论文中获益，他们能明白以何种方式能够合法地在自己的君主或外国君主的麾下服役当兵。与此同时，这篇论文还驳斥了异端的观点，他们认为，基督教君主无论是同其他基督徒还是同土耳其人发生战争都是不合法的。

“重释七”似乎是作者为了回应英格兰女王的主张而做的。她被她的丈夫英格兰国王休掉了。这篇论文对路德派的错误教条发动了激烈的攻击。路德认为,《利未记》18-20 中所禁止的所有行为在神法中仍然是被禁止的。异端的观点进一步受到打击,因为这篇论文有说服力地证明,离婚案件应当也更适宜由教会法官裁判。

“重释八”的主题是“论仁慈的增长与减少”。它所讨论的这一主题主要限于经院神学本身,而与公众、普通人关系不大。这篇论文对于神学家们是很有帮助的,有助于他们增进自己的智慧,在真正的、优美的神学问题上得到许多收获。此外,在这里我们还要说的是,这篇文章也谴责了异端的观点。他们认为,所有义人分享上帝的仁慈和恩典都是平等的,并且,正如路德所断言的那样,福佑的童贞女,基督之母无论在哪个方面都没有超越民众中的妇女。

“重释九”是一篇博学、有趣的关于节制方面的论文。这篇文章可能是最受普通民众欢迎的,因为它讨论了宴席之乐。这篇文章还谴责了食人的印第安人,他们把活人献祭给神。这篇文章还为加尔都西教徒(Carthusians)进行了辩护,他们永远禁止食用肉食。它还未其他一些宗教教派进行了辩护,这些教派的教徒似乎通过节制禁欲的方式缩短了自己的寿命。要不是作者一个个地略过他开头时提出的众多问题,这篇文章就将为反对异端提出了最多的理由。

“重释十”是关于“论杀人”的讨论,在许多方面都有用处。但是,读者自己在论文中能够找到的答案,要远比我们在这里通过概述的形式给出的要多。

“重释十一”论述的是“论买卖圣职及对买卖圣职行为的惩罚”。这篇文章不仅十分有用而且在这里尤其必要,因为在这个地方这一肮脏的行为是如此根深蒂固,并且广泛传播,以致人们几乎不再将其视为一项罪恶。异端们也不能幸免这种罪恶,尽管他们已经被从教会的身体上切除掉。

"重释十二"的主题是"论魔法"。这篇论文一点也不显得更没有用处和更不必要。因为,我们常常听闻确有其事的报道说(更不用说我们所确切了解到的),在马丁·路德引入新的福音之后,它就尤其在北部地区取得了稳固的主导地位,以致随着基督的理论在人们心目中逐渐的衰微与消亡,魔法相应地就逐渐地获得了力量。结果导致,前者差不多消亡掉了,而后者则和它的同伙——异端一道统治着人心。不要说再洗礼派和加尔文派都不能摆脱同魔法和女巫的呼吸(Pythoness' breath)的干系,他们甚至本身就在话语、写作、仪态、表情、眼神等方面与魔法和女巫沆瀣一气。

最后一篇"重释"所讨论的主题对于基督徒来说最有价值。这篇文章处理的是每个人在利用理性时所必须遵循的义务。对于一个人尤其是基督徒来说,还有什么比学会应该依照哪些条件或者方式使自己皈依上帝,将其作为自己最终与最高的善更加有益呢?

现在是该轮到你们,亲爱的基督徒读者们,去以感恩而愉悦的心去接受这本书了。这本书由如此这般著名的人物苦思冥想而作成,并我们曾经花费了无数的艰辛与时间去校订它。这本书其中包含的道理是如此真实与牢靠,如此有益与必要,只要您阅读它并加以沉思,它就会激起您对最崇高之事物的求知热情。如果读者诸君能够通过阅读这本书而变得既更明智又更善良,那么,这就是对我们最大的回报了。

再见!

于因戈尔斯塔特,

1580 年殉道者圣劳伦斯节

无名氏赞扬本书并致读者的一首诗[①]：

哦，亲爱的读者，此书虽然单薄，包含的事物却丰富多彩——

法律、教皇还有神圣的神学家。

另一首即兴而作的诗[②]，最简短地概括了两卷书的主题：

这本书论述了：神圣教会和教皇的权力分别是什么；出席合法召集的大公会议的神父们的权力是什么；同时还有民法以及战争法（即便战神马尔斯也不得无法无天）；它还论述了床第上的合法性以及人类的婚姻。这就是您，弗朗西斯科·德·维多利亚作品的第一部分。我们应当对您的的劳作致以崇高的敬意。

主动节制诱人的东西并对奢华加以律法制约，这是多么难能可贵的虔敬精神，需要多么崇高的德行啊；相反，让自己的手沾满人类的鲜血，这又是多么亵渎的一件事，因为人的生命一旦被夺走，无论再多的黄金、祷告，再高的价钱也无法赎回。是呀，这样的人必定是铁石心肠，会不惜用致死的剑划开自己的心肠。虔诚的教会也不会为了区区蝇头小利就出卖圣职，而是不受限制地将其授予给配得上那些职位的人，并且，她会祛除恶灵。教会的事功也不是靠魔法伎俩取巧而成，这些伎俩都是从无底的地牢中被召唤出来的（the one dungeon of the abyss）[③]。在这本书的最后部分，永垂不朽的维多利亚，教导人们该如何利用理性，以从中获得益处。

---

① 这里用散文诗的形式翻译了一首赞美诗，西蒙将这首诗放在前言之后。这首诗可能出现在1580年西蒙宣称加以复制的因戈尔斯塔特版本中。它同时也出现在了1565年穆诺兹的版本中，因此也许穆诺兹就是这首诗的作者。

② 这里用散文诗的形式翻译了一首赞美诗，西蒙将这首诗放在前言之后。这首诗可能出现在1580年西蒙宣称加以复制的因戈尔斯塔特版本中。

③ 这里将uno拼成uni，但是后者也许是即兴而做的属格：则为无底深渊的地牢（the dungeon of the one abyss）。——英译者注

微薄的谢忱是无法报偿如此伟大的著作的。只有伟大天才的精妙技艺才能从黑暗与荒芜中锤炼出这本伟大的著作。如果上帝愿意奖掖勇者,那么你就应得永生,并且在偿还了死亡的债务之后,仍然值得活着:上帝会在你的灵魂脱离身体后,将其置于永恒的天堂——你理应与神灵同列。唯有您的英名永远垂诸后世,才不负您付出的百般艰辛。

令人尊敬的教父，

弗朗西斯科·德·维多利亚兄弟

关于新近发现的印第安人的重释之前篇

下面将要讨论的经文来自《马太福音》:“所以你们要去,使万民作我的门徒,奉父子圣灵的名,给他们施洗。”(《马太福音》28:19)

第一节

第一节之概要:

一、一个人对任何事情存有疑虑,为了保证良心的安宁,他都应当咨询其他人,这些人的职分就是专门在这些事情上给出建议。

二、心存疑虑之人在征求了智者的建议之后,他就应当按照智者所给出的这些建议行事,除此,它的良心难获得安宁。

三、心存疑虑之人为了保证良心的永久安宁是否应当遵循智者在这些可以的事务上给出的建议,这些建议在智者给出的时候是合法的,而在别的情况下却是不合法的。

四、在西班牙人到来之前,印第安土著民在公法与私法上是否都已经是真正的所有者,此外,在印第安人中间,是否已经有了名副其实的君主与酋长(overlords)。

五、反省某些人的错误观点,他们断言,犯有道德上罪愆的人根本不能拥有任何东西。

六、道德上的罪愆并不排斥真正意义上的民事所有权。

七、所有权是否因为不信教而散失。

八、神法并未规定异端成为没收异端财产的一项理由。

九、在人法上,异端是否成为财产权散失的理由。

十、异端从其犯下异端行为之日起将遭致没收财产的惩罚。

十一、但是即便异端的冒犯行为是昭著的,国库也不能将他被宣布为异端之前的财产没收。

十二、即便是在死后才被宣告为异端的,财产的没收应起自异端犯下冒犯行为之时,而不论这些财产现在被何人拥有。

十三、自犯下冒犯行为之日起,异端所进行的所有出售、赠送和其他任何转让行为都是无效的。

十四、在被宣布为异端之前,异端在良心的法庭上是否是其财产的所有者。

十五、异端可以合法地拥有自己的财产。

十六、异端可以慷慨地转让其财产,例如通过馈赠的形式。

十七、异端当其由于自己的冒犯行为而正处于被诉阶段,不得有偿转让他的财产,例如通过出售或嫁妆的形式。

十八、在何种情形下,异端可以合法地有偿转让自己的财产。

十九、无论在公法还是私法上,印第安人都不会由于不信教的罪过或者由于其他任何道德上的罪愆而被剥夺成为真正所有者的资格。

二十、是否利用理性的能力是拥有所有权能力的前提条件。

二十一、在具有利用理性的能力之前,儿童是否能够成为所有权人。

二十二、理智不健全之人是否能够成为所有权人。

二十三、由于印第安土著民并非理智不健全之人,因此,不得以理智不健全为由剥夺他们成为真正所有权人的资格。

二十四、在西班牙人到来之前,这些印第安土著民无论在公法上还是在私法上都是各自真正的所有权人。

"所以你们要去,使万民作我的门徒,奉父子圣灵的名,给他们施洗。"(《马太福音》28:19)这段经文提出的问题是,我们是否能够违背其父母的意愿为不信教者的子女施洗。这个问题在《嘉言录》(*Sententiae*, dist. 4)和圣·托马斯的《神学大全》第二卷([Secunda Secundae, qu. 10, art. 12,] 以及第三编 [Tertia Pars, qu. 68, art. 10.])中都得到了这些博士们的讨论。这整篇的讨论与争论是由关于新大陆的土著民的评价引导出的。这些土著民通常被称为印第安人,他们是在四十年前受到西班牙人统治的,在此之前都不为我们的世界所知。这篇关于他们的论文由三部分组成。第一部分,我们将探讨通过哪些正当的理由,这些印第安土著民受到西班牙人的统治。第二部分,我们将探讨,西班牙君主在世俗事务和民事事务上对他们具有哪些合法的权利。第三部分,我们要讨论,西班牙君主或教会在精神事务和教会事务上对他们具有哪些合法的权利。在讨论的过程中,这个问题的答案就会呈现在我们面前。

关于第一部分,这整个的讨论有可能从一开始就被看成是无用与徒劳的。它可能不仅对于我们是无用、徒劳的,因为我们既不关心探讨那些心存疑虑之人是否在他们统治事务的每一个细节上都适当得体,也无心在这些事务上提出质疑,更无意于纠正他们可能已经犯下的错误。同样,这个问题对于那些必须参与这些事情,并管理这些事务的人来说有可能也是徒劳与无效的。首先这是因为，无论西班牙的君主还是那些居庙堂之高的大臣首脑们没有必要费尽心力地彻底重新探讨这些权利与合法理由（rights and titles）的问题，它们已经在别处得到了讨论与解决，尤其对于那些君主们善意（*bona fide*）占有与和平所有的事物尤其如此。其次，正如亚里士多德所言："如果有人想要持续不断地探讨，决定就有可能被无限期地拖延。"（《伦理学》卷三）再者，君主和他们的谋士们都无法获得良心的安宁和确定，而且，如果他们不得不将他们的统治追根溯源，那么他们有可能就无法保证他们所发现的一切了。此外，就我们的君主即费迪南德和伊莎贝拉来说，他们是最早发现这些地区的，并且都是最虔诚的基督徒，而皇帝查理五世也是一位最正义、最谨慎的统治者，要认为他们在所有那些有可能影响到他们地位和良心安全的事务上，尤其是在如此巨大的一项事务上没有进行充分、彻底而准确的调查，这简直是令人不可置信的事情。因此，鉴于上述这些理由，要在这一事务上提出任何质疑看起来不仅是徒劳的，同时也可能是自以为是的。这看起来就像是在鸡蛋里挑骨头（a knot in a bulrush），在义人之家寻找罪恶。

为了回应这种反对观点，我们必须将亚里士多德的话（《伦理学》卷三）铭记于心。他说，正如我们无法质疑或思考那些完全不可能或者不必要的事务，我们也无法对那些确定无疑并且周知是合法、适当的事务进行道德考察，或者相反，我们也无法对那些确定无疑并且并且周知是非法、不适当的事务进行道德考察。因为没有一个人能够得体地提出我们是否应当过一种有节制的、勇敢的和正直的生活还是应当过一种邪恶、卑鄙的生活这类问题，同样，我们也不应当提出我们是否应当犯下通奸、伪证罪行还是应当关心父母等等诸如此类的问题。当然，诸如此类的讨论都是不合乎基督徒标准的。

然而,当某项计划正在进行,并且其中所涉及的问题是真正关于何为善恶、何为正义与不义的问题,那么在找出并决定行为在多大程度上是合法或不合法之前,应当听取他人的建议、谨慎考虑并防止采取不成熟的行动,这是十分有益处的。在那些从不同的角度看会呈现出善恶不同的事务上,例如在各种合同、交易以及其他商业上,情况就是如此。在所有这类情形中,情况是这样的,即便有待考虑的事情本身是合法的,任何人要是没有仔细考虑并确信行为的合法性,那么他的行为依然可能是有罪的。他不能以疏忽大意为理由获得宽恕,因为疏忽大意明显并非不可避免的,因为他没有尽到自己应有的职责,没有考察相关事务合法与否。因此,为了保证一项行为(该项行为的善恶本身是不确定的)是善好的,这项行为就必须按照智者的考察与决定来完成,这是一项善好的行为之为正当的条件之一(《伦理学》卷二)。因此,在心存疑虑之时,如果行为者疏忽没有采纳智者的建议,他就是不值得原谅的了。不但如此,即便我们能够保证所考虑的行为本身是合法的,更不用说其合法性存在疑问时,行事者当听取并按照智者给出的建议行事,即使这些建议本身可能是错误的。

因此,如果有人未咨询博学之士就缔结一项契约,而他对这项契约所涉及事务的合法性又存疑虑,那么他毫无疑问就是有罪的,即便合同本身有可能是完全合法的,或者他本人不是以智者的权威而是按照他自己的偏见和判断自认为该项契约是合法的。依照同样的原则,某人对某项事务心存疑虑,他咨询了智者,而智者否决了该项事务的合法性,而他依然按照自己的判断,做出了某项行为,那么他就犯下了罪愆,即使这件事情本身有可能是合法的。例如,设想有某位男子,他正疑虑是否应当娶某个女子为妻,他向博士咨询是否应当缔结婚约,或者缔结婚约是否是正当的,或者他是否可以强迫该女子与其成婚。博士回答说，那样做是完全不正当的。然而，出于对该女子的爱，他拒绝接受博士的建议，并认为自己的行为是合法的。那么，他亲近这位女子同其交往显然就是有罪的，即使这样的亲近行为本身是合法的（事实上确实如此）。因为，他违背了自己本应有的良心行事。在有关拯救这类事情上，人们必须信任由教会任命的教士，在存疑虑的事情上，他们的建议就是法律。正如在唇枪舌剑的法庭上，法官们必须按照所提出以及被证明的主张来判决，因此，在良心的法庭上，人们也必须将自己的判断建立在有证明力的理性或者智者的权威之上，而不是建立在自身的感情之上。否则，他的判断就是莽撞冒失的，并且使自己有犯错的风险，并且事实上也犯下了错误。这种看法是和《旧约》中记载的经文相适应的：

“你城中若起了争讼的事，或因流血，或因争竞，或因殴打，是你难断的案件，你就当起来，往耶和华你神所选择的地方。去见祭司利未人，并当时的审判官，求问他们，他们必将判语指示你。他们在耶和华所选择的地方指示你的判语，你必照着他们所指教你的一切话谨守遵行。要按他们所指教你的律法，照他们所断定的去行。他们所指示你的判语，你不可偏离左右。”（《申命记》17:8-11）

因此，我认为，在心存疑虑的事情上，人们必须寻求教会专为解答人们的疑虑而任命指派的那些人，例如教士、牧师和忏悔师，他们专于神法与人法。因为在教会中，有些人是眼睛，有些人是脚以及诸如此类的（《哥林多前书》12）；以及《以弗所书》4：“他所赐的有使徒，有先知。有传福音的。有牧师和教师。”以及《马太福音》23：“文士和法利赛人，坐在摩西的位上。凡他们所吩咐你们的，你们都要谨守，遵行。”亚里士多德引用荷西俄德的话将这项原则确立为一条箴言：“那些既无头脑又不肯听从他人建议，以了解何为善的人，是愚蠢而又空洞的人。”[1]

因此，为了人身与良心的安全，人们仅仅自视为是在做正义的事情还是不够的，同时，在有疑虑的事情上，他还必须依赖其他人的权威，这些人的职分就是解决人们的疑虑。商人们克制住自己不做一些自认为是不正当的行为还是不够的，缺少智者的建议，他仍然有可能缔结一些非法的契约。因此，我不同意卡杰坦红衣主教（Cardinal Cajetan）的观点。他认为，如果人们对某件事情产生了疑虑，而这件事情本身事实上是合法的，然而一些对这件事情拥有权威的牧师或者忏悔师们却宣布这件事情为非法，或者宣布它具有道德上的罪愆（尽管它是可宽恕的），那么在这件事情上，人们如果不相信权威们的话，而遵从自己的判断，按照自己的良心做出判断，认为这件事情不是道德上的罪愆，那么这个人就是无罪的。

卡杰坦举了女士们利用化妆品以及其他一些肤浅的装饰物这个例子作为例证。事实上，这件事并非道德上的罪恶，但是，卡杰坦认为，一些牧师和忏悔师会将这件事情断定为道德上的罪恶。他说，如果女士获得了一些化妆、装饰物，而她又不同意牧师和忏悔师们的意见，相反认为化妆是合法的或者不是道德上的罪恶，那么她按照自己的意愿化妆、装饰了自己就并没有犯下道德上的罪恶。然而，我认为这种观点是十分危险的。因为，在这些对于灵魂拯救不可或缺的事情上，女士们应当听从智者的建议；与之相反，如果她们做了智者认为是道德上的罪愆的事情，那么，她们就将使自己陷入危险之中。并且，另一方面，在存有疑虑的事情上，如果人们能够采纳智者的建议，并接受他们的权威，采取合法的行动，那么他在良心上就

① 亚里士多德，《伦理学》，1095，b10，荷西俄德，《工作与时日》，291-195。——中译注

是安全的。至少除非他接受了另外一位有着同样权威的人或者同样使人信服的理由提出的另一种观点,影响到了他的判断,迫使他怀疑或者相信相反的观点。这是人尽皆知的道理,因为他已经做了应当做的一切,因而,他的无知是不可避免的。

那么,从这些前提中可以推到出以下论点:

一、在心存疑虑的事情上,人们应当征求他人的建议,这些人的职分就是专门为人们解答这些疑虑。除此,人们很难在良心上获得安宁,无论他所疑虑的事情本身是合法的还是非法的。

二、如果在就有疑虑的事情上征求建议之后,并且智者已经断言这件事情是非法的,那么人们就应当遵从智者们的建议。而如果他采取了与建议相反的行动,那么他就是不可原谅的,即便这件事情本身是合法的。

三、如果相反,在征求建议之后,智者断言这件事情是合法的,他按照智者的建议行事在良心上就是安全的,即便这件事情本身是非法的。

那么,现在我们重新回到我们面前的这个问题,即有关印第安人的问题。我们发现,在印第安人事务的正义性问题上无需任何质疑,这种看法本身并非明显的不正义;同时,在印第安人事务上的正义性问题上可能产生一些疑问,这也并非明显的正义。根据不同的立足点,这两方面都有可能。因为,首先我们发现关于印第安人的所有事务都由那些知识渊博的、正直的人处理的,我们可以相信,所有的事情都已经得到了得体与正当的处理。但是,当我们听闻发生了许多屠杀,有许多无辜的生灵遭受涂炭,有许多君王被剥夺了财产,夺去了王权,人们当然有理由怀疑,这些事情是正当的行为还是不义的举动。因此,依照这种看法,关于印第安人的讨论看起来并非毫无意义。如此,我们也就明确地反驳了先前的反对意见。此外,即便人们向我们保证印第安人的整个问题没有任何值得疑虑的,对整件事情给予准确确定对于神学讨论来说,也并非什么创新之举。因为,我们讨论的是上帝的道成肉身以及其他一些信条。因为,神学讨论并非总是沉思性的(deliberative),它常常还是劝服性的(demonstrative),也即讨论不是以沉思为目的,而是以指导建议为目的。

不过,有人也许还会进一步说,尽管在印第安人事务上有一些值得指摘的地方,但是,它们已经得到智者的讨论与解决,并且,如今所有事务都是按照他们的建议进行管理的,因此我们不需要重新对这个问题进行考察。对于这种观点,我的首当其冲的回答是:"倘果真如此,愿上帝保佑。"我们的讨论并不妨碍事务的处理,同时我也没有对印第安事务提出新的抱怨。其次,我认为,不应当由法学家们来解决这个问题,或者至少不应当仅仅由法学家们解决,因为,既然正如前文所提到的,印第安人问题是不属于人法范畴之内的,那么关于印第安人问题的解决就不应当依据人法,而应当依据神法来加以裁断。而法学家们又不擅长于神法,因此他们自己就不足以胜任解决这类问题。同时,我也不能确定此前被召集来讨论并解决这个问题的那些神学家们足以胜任解答如此重大的一件事。而这件事情涉及到良心的法庭,因此,对这件事情的解决就属于教士,也即教会。因此,《申命记》17 中写道:"他登了国位,就要将祭司利未人面前的这律法书,为自己抄录一本。"再次,为了使印第安人这个问题得到充分的考察和确定,难道这么重大的一件事情就不会产生其他一些特殊的疑虑,值得人们讨论吗?据此,我认为我应当进行这些讨论,它们既不徒劳,也不会毫无益处;如果我有能力依照这件事本身的重要性来对它进行讨论,它是值得人们为此花费心血的。

四、为了能有序地向前推进,我们现在可以回到我们的主题了。

我首先要问，在西班牙人到来之前，所讨论的这些印第安土著民在公法和私法上是否都是真正的所有权人（*owners, dominium rerum*）[①]，也即，他们是否是私人财产（property ）和物品（possessions）的所有权人，同时，在他们中间是否存在真正的君主（princes）和酋长（overlords）。答案看起来似乎是否定的，理由是，奴隶不得拥有财产，"因为奴隶自身不得拥有任何东西"（《法学阶梯》2,9,3 以及《学说汇纂》29,2,79），因此他所有的取得物都属于他的主人（《法学阶梯》1,8,1）。而这些土著民就是奴隶[②]。这个事实是得到了证明的，因为亚里士多德清楚而明确地说过："有些人是天然的奴隶，他们更加适合于服从而不是统治。"（《政治学》卷一）奴隶们甚至没有足够的理性统治他们自己，他们只能做一些别人要求他们做的事情，并且它们的力量体现在体力上而不是头脑中。因此，可以有保证地说，如果有此类的奴隶，那么这些土著民绝对就是此类奴隶了，因为他们实际上看起来和凶残的野兽几乎没有区别，他们也完全没有统治的能力，因此，毫无疑问对他们来说被他人统治要远优于统治自己。亚里士多德说，此类人成为奴隶是正义的，也是自然的。因此，他们以及他们一类的人都不可能成为所有权人。要说在西班牙人到来之前，他们并没有其他的主人，这也是毫无意义的。因为，没有主人的奴隶这并没有什么不合乎逻辑的，正如《学说汇纂》（*Dig.*, 40,12,23）中所阐述的那样。更不用说，这种说法是在《学说汇纂》的上下文文

① 此处"dominium rerum"是十分重要的一个概念。Dominium 本是罗马法中的一个概念，但正如这里维多利亚所论述的那样，它也成为教会法中十分重要的一个概念。这点亦证明了在中世纪，罗马法与教会法本身是密切联系的，教会法中的诸多概念都源自罗马法。而在罗马法中，人们是严格区分占有（possession）和所有（dominium）的。占有指的是控制某件事物，而不论占有者是否对该物拥有权利；而所有指的是对某件事物的权利，而不论所有权人是否控制、占有了该物。——中译注

② 此处剑桥本为"自然的奴隶"（slaves by nature）。——中译注

意之中被明确阐述的。它出现在《学说汇纂》(*Dig.*, 45, 3, 36 pr.)举的一个例子中。这个例子说的是,一个被主人抛弃了,并且也没有被其他任何人占有的奴隶,可以被任何人据为己有。如果是这样的话,那么这些土著民就是奴隶,能够被西班牙人据为己有。

相反,我们所获知的事实是,无论在公法上还是在私法上,这些土著民都和平地占有各自的物品。因此,除非相反的情形得到证实,那么他们就应当被当成所有权人对待,他们的权属状态不应当被侵害,除非侵害的理由得到证明。

为了有助于解决问题,我迫不得已必须回想起博士们关于所有[①]的本质(the nature of dominion)所表达的无数观点。在评注"赔偿"(Restitution, 4, dist. 15)[②]以及《神学大全》(Prima Secundae, qu. 62)时,我已经详细地讨论了这些问题。此刻,我将它们略而不谈。因为,我担心那样会使我忽视了更加重要的事情。因此,我就把它们忽略过去,只要记住一点,如果土著民没有占有权,那么似乎没有其他更好的理由能说明这种情况,除非他们要么是犯下罪孽之人(sinners),要么是不信教之人(unbelievers),要么是愚蠢、毫无理性之人(witless or irrational)。

五、有人坚持认为,恩典是所有的合法理由(title),因此,犯有罪愆之人,至少那些犯下了道德罪行的人不能所有任何东西。这就是里昂的穷人(poor folk of Lyons)的异端观点,也是瓦尔登教徒(Waldenses)的错误看法,也是后来约翰·威克立夫的异端看法。威

---

① 所有的对象不仅包括个人私人的财产,还包括他人的行动、自由、甚至身体。因此,此处 dominion 在私法上有所有权的含义,在公法上又有统治的含义。——中译者注

② 依照剑桥本此处为伦巴德《嘉言录》(Lombard, *Sentences*, IV. 15)。——中译注

克立夫的其中一个异端看法即“当一个人犯有道德上的罪孽,他就不可能成为民事上的所有权人”。这种观点已经遭到康斯坦茨大公会议的谴责。这种观点同时也是阿玛查努斯(Armachanus)书中(bk. 10, *Adversus errores Armenorum*, c. 4)和对话(*Defensorium pacis*)中坚持的观点。瓦尔登西斯在书中(*Doctrinale antiquitatum fidei*, vol. I bk. 2, ch. 81 and 82, and vol. II, ch. 3)辩驳了阿玛查努斯的观点。阿玛查努斯的观点是以如下的事实为基础的,即有罪之人的所有是被上帝所谴责的:“他们立君王,却不由我,他们立首领,我却不认。”(《何西阿书》8)并且紧接着又加上了如下的控诉:“他们用金银为自己制造偶像,以致被剪除。”因此,他说,此类有罪之人在上帝的眼中就没有合法的统治权(lawful dominion)。然而,毫无疑问,所有的统治都源于神圣的权威,因为上帝自己就是万物的创造者。因此只有那些被他授予过统治权的人才能拥有统治权。现在,我们就不会再有理由认为,上帝将统治权给予了不服从他的诫命以及反抗他的诫命的人,正如人类的君主不会将他们的财产例如城市、城堡赐予反叛者一样,而且即便君主们过去将其赐予给他们,他们也可以将其没收。但是,我们应当根据人事(human things)为中介来判断神圣的事物(《罗马书》1)。因此,上帝不曾将统治权授予给不服从者。并且为了表明这点,上帝还经常将统治权从身居高位者身上夺走,例如扫罗(《撒母耳记上》15)、尼布甲尼撒和伯提沙撒(Balthazar)(《但以理书》4,5)。此外还有《创世纪》写道:“神说,我们要照着我们的形像,按着我们的样式造人,使他们管理海里的鱼”之类的话。(《创世纪》1)因此,似乎统治权是建立在上帝的形像之上的(the image of God)。然而,有罪之人却无法展示出上帝的形像。因此,他就没有统治权。此外,犯有叛国罪的人也没有统治权,因为他理当失去他的统治权。类似的,圣奥古斯丁说道,有罪之人甚至不配有面包吃。同样,上帝曾经给予我们最古老的父母统治天堂的权利，后来由于他们的罪孽又剥夺了他们的统治权。(《创世纪》1)。由此可证。

事实上，无论是威克立夫还是阿玛查努斯都未曾做细致的区别，他们所谈论的似乎仅仅是属于君主们的统治主权(the dominion of sovereignty)。但是，由于他们的推理可以同样适用于所有的统治，他们似乎又在一般性地讨论各类的统治权。而这又是康拉德(Conrad, bk. I, qu.7)[①] 对他们的教诲的理解，并且阿玛查努斯也足够清晰地表达了这层含义。因此，那些追随他们的观点的人就有理由说，印第安人由于犯有道德上的罪愆就没有所有权。

六、但是，在另一方面，道德上的罪孽并非所有权这一民事权利的阻碍，也不是真正的统治权的阻碍。这是得到了康斯坦茨大公会议确立的几项观点之一。

阿尔曼在其对伦巴德的《嘉言录》(IV.15,2)的评注中曾经试图引用艾伊利的观点证明道德上的罪孽会妨害民事所有权这一观点。但是，我认为他的理由是不充分的。他举了一个两难困境的例子作为例证。有一个快要饿死的人，他带有道德上的罪孽，因此他被剥夺了所有权，但是这个濒临饿死的人要活下去就必须吃东西，这样他只能被迫去偷东西吃，盗窃当然是一项道德上的罪孽。因此，他就陷入了一个恶行的循环，并且无法避免道德上的罪孽。这项主张由于以下三个原因而不成立：首先，因为阿玛查努斯和威克立夫似乎谈论的是民事上的占有，而非自然的占有；其次，因为在必要的时候(in cases of necessity)偷窃是被允许的，所以结论就是错误的；最后，因为这个濒临饿死的人是能够悔悟的，所以恶行的循环是不存

---

① 依照剑桥本译文，此处的康拉德为 Conrad Summenhart，所引著作为 *Septipertitum opus de contractibus*。——中译注

在的。因此,阿尔曼的观点是不成立的,对此,我们提出以下几个不同的观点:

第一,有人可能会说,如果带有罪愆的人就没有民事上的所有权(dominium ciuile)(我们的论敌似乎谈论的就是民事上的所有权),接着就推论出,他也没有自然的所有权(dominium natural)。但是,这种结论是错误的,我可以证明如下:自然的所有权和民事的所有权一样都是上帝的恩赐;甚至自然的所有权比民事的所有权更加显得是上帝的恩赐,因为民事的所有权明显是属于人法的范畴。因此,如果人们会由于冒犯了上帝而散失其民事的所有权,那么基于同样的原因,他也会散失其自然的所有权;但是有证据可以证明这样的推论是站不住脚的:即带有罪孽的人并不会因此对他自己的行为和身体散失统治权(dominium)。由此可证。

第二,《圣经》经常给予许多邪恶的罪人例如所罗门、亚哈(Ahab)以及其他一些人"国王"的称号。如果缺少治权(the right of jurisdiction, *dominium jurisdictionis*),"国王"将不成其为国王。由此可证。

第三,论敌们认为,所有的统治权都是以上帝的形像为基础的。这种也可以被它自身的推理击破。因为人是上帝通过其自身内在的本性,也即通过上帝的理性力量,按照上帝的形像而造成的。因此,人并不会由于犯有道德上的罪孽就散失他的所有权。奥古斯丁(*De trinitate 9*)和其他一些神学家都已经证明了这个小前提。

第四,甚至当扫罗正要谋害大卫时,大卫仍然继续称扫罗为国王和主上(《撒母耳记上》26:9)。而且,大卫自己也经常犯下罪孽,但他并不因此而散失其王权。

第五,《圣经》上写道:"主必不离犹大,杖必不离他两脚之间,直等细罗来到。"然而,许多国王都恶贯满盈。由此可证。

第六,道德上的罪孽并不会剥夺人们精神上的治权(spiritual

jurisdiction）；因此，它也不可能剥夺人民事上的财产权（civil property, *dominium rerum*），因为民事上的财产权比精神上的治权更加不依赖于上帝的恩典。大前提是不证自明的，因为有许多邪恶的牧师照样主持圣餐仪式，还有许多罪恶的主教也照样主持牧师授予仪式。这些都是事实。事实上，威克立夫矢口否认这个事实，但是，阿玛查努斯却承认这个事实。

最后，经书上有这样的箴言："凡事要存敬畏的心顺服主人；不但顺服那善良温和的，就是那乖僻的也要顺服。"（《罗马书》13:1；《彼得前书》2:18）同时经书上也有反对偷窃的诫命。因此，这看起来上帝似乎是有意要在谁是真正的王者与主上这个问题上含糊其辞。但这种情况是完全不可能的。因此，结论就是，最初的观点明显是异端的。因为上帝叫日头照好人，也照歹人；降雨给义人，也给不义的人。（《马太福音》5:45）因此，他也将尘世的物品既给予善人，也会给与恶人。本文上述的讨论并不是想激起人们在这个问题上的争论，只是想教导我们从这个异端学说中辨识出所有的异端观点。

七、我们现在应当讨论人们是否会由于不信教而被剥夺了所有权（dominium）。一方面，他看起来是会被剥夺所有权，原因如下：

第一，异端（heretics）不得拥有所有权，因此，比异端好不了多少的不信教者同样也不得拥有所有权。这里的前提明显来自教皇教令（*Cum Secundum leges*）中的法令（*Sext* 5.2.19），它规定异端的财产应当被依法（*ipso iure*）没收。

对此，我提出以下论点作为回应：

首先，一个人不信教，这并不能成为妨碍他成为真正意义的主人。这也是圣·托马斯·阿奎那的观点。（《神学大全》，II-II.10.10）

这种观点首先可以得到《圣经》的权威的支持，《圣经》经常称许多不信教者例如西拿基立（Sennacherib）、法老和其他一些人为

“国王”；保罗(《罗马书》13:1-5)和彼得(《彼得前书》2:13-14,18)都要求人们服从统治者,这些统治者在当时都是一些不信教的人。他们规定,仆人必须服从他们的主人。多比(Tobit)命令将一个孩子送还给异教徒们,因为他认为这个孩子是偷来的。(《多比传》2:11-14)而如果异教徒没有所有权(*dominium*),那么,他就不会把孩子还给他们了。

我们同样还有一项以理性为基础的证据。阿奎那认为,不信教既不会取消自然法也不会取消人法,而一切的统治权(dominium)都源于自然法或人法;因此,它们不会因为缺乏信仰而被取消。

因此,相反的观点和先前那有关异端的那个观点一样显然都是错误的。很明显,单纯(*per se*)以不信教为理由,随意夺走萨拉森人、犹太人和其他一些不信教者的财产是不合法的。这样做无异于是偷窃或者抢劫,罪行一点都不必盗窃或抢劫基督徒的财产轻。约瑟让埃及全地的人都向法老纳贡,而法老本人是一个不信教者(《创世纪》47:20)。

八、第二,由于异端的情况尤其复杂,因此我们进一步提出另一项主张:即按照神法,异端不会散失其所有权(*dominium bonorum*)。这项原则是众所周知的,并且所有人都同意。由于没收一个人的财产是一项惩罚,而且,神法也并未就这种情况(*pro isto statu*)规定惩罚,因此,可以推断,按照神法,人们不会由于异端的原因而被剥夺财产。此外,这个观点也可以从前一项观点中推到出来:如果所有权不会由于不信教而散失,那么它也不会由于异端的原因而散失,因为神法并未在此意义上对异端进行特殊规定。

九、但是,问题依然存在,即异端是否会在人法上散失所有权?一方面,康拉德·桑门哈特(Conrad Summenhart)似乎认为,异端事实上(*ipso facto*)散失了对其财产的所有权,并且因此也散失了在良心法庭上的治权（*Septipertitum opus de contractibus* I. 7. 2-3）。由此，桑门哈特推断出，异端不得转让其财产，如果他转让了，其转让行为也无效。他引证了教皇教令（Cum secundum leges）中的法令（Sext 5.2.19）为证。在这项法令中，教皇卜尼法斯八世规定，违反法律，犯有任何罪行的罪人事实上都将散失所有权，并且明确表示，这项法令适用于异端。乔安内斯·安德里亚在评注这一法令时，似乎也坚持同样的观点；而且，摩尼法典（*Codex* I.5.4.3）也坚持同样的观点，异端被禁止出售、捐赠财产或者任何其他处置财产的契约行为。我们同时还可以引用阿奎那的观点（《神学大全》I-II.96.4）作为证据，他教导说，法律在良心上施加了义务。[①]

十、现在让我们提出我们这次课程中的第三项观点：

异端的财产应当自其冒犯行为开始之日起被没收。这项观点是博士们普遍认同的，并且也是《裁判所指南》（*Directorium inquisitorum*, bk. 3, tit. 9）中的准则，同时也出现在巴普蒂斯塔·德·萨里斯的《大全》（*Summa* of Baptista de Salis）一书论“全权”（absolution）一词中（§17）。此外，前文提及的cum secundum leges一书的章节以及前文提到的摩尼法典（Cod., 1, 5, 4）中都对此有所论述。

十一、第四项观点：无论异端的冒犯行为是多么昭彰，国库都不得将其被谴责为异端之前的财产没收。这也是人们普遍接受的观点，并且也是前述教皇教令（cum secundum leges）一书章节中规定的准则。毋庸赘言，在一个人被判决为罪犯之前就对其进行惩罚是有违神法，也有违自然法的。

十二、从第三项结论中，可以推断，一旦某人被谴责为异端，

---

① 圣·托马斯此处的结论是：“*Justae leges humanae obligant homines, in foro conscientiae ratione leges aeternae a qua derivantur.*”——英译注

那么即便该谴责是在此人死后才做出的，财产的没收可以追溯至此人的冒犯行为开始之时，无论这些财产现在已经落入了何人之手。这一推论也得到了普遍承认，尤其是得到帕诺米坦乌斯（Panormitanus）[①] 在他的评注（VI,3.5.1）里的支持。

十三、第二个后果是，自从冒犯行为开始之日起，所有出售、赠与财产的行为以及其他对财产的处置行为都是无效的。并且因此，一旦对异端的谴责生效，所有此类的处置行为都会被国库撤销，财产被国库没收，并且不会对该财产的购买者支付任何赔偿。这点也是得到公认的，而帕诺米坦乌斯在前文所提到的著作中也清楚地表达过这种观点。此外，上述的摩尼法典也是明显支持这种观点的（*Cod.*, 1, 5, 4）。

十四、第五项观点是：无论如何，异端将在良心的法庭上持续作为所有权人，除非他遭到了谴责。这项观点看起来似乎与康拉德和《裁判所指南》（*Directorium inquisitorum*）以及乔安内斯·安德里亚的观点有所出入。然而，在论述“异端”（haeresis,[1, §8]）一词时，西尔维斯特（Sylvester）也主张同样的观点。在详尽地讨论相关事项时，安德里亚也坚持这个观点（*Quotlibeta*, 6, qu. 2）。而卡杰坦在《大全》（*Summa*）中论述“刑罚”（poena）一词时，似乎也主张同样的看法。首先，剥夺财产权是在良心法庭上的一项惩罚，因此，在遭到谴责之前，这项惩罚绝不应当被施加到他人身上。这一事实也就证明了第五项观点。并且，我也不能确定，人法是否能够对此产生影响。同时，这个观点也得到上文提及的教皇教令（cum secundum leges）中明确的论述，即异端财产的没收方式是同犯有乱伦婚姻罪的没收方式一

---

① 即 Nicolaus de Tudeschis，其评注著作为《论异端》（*De hereticis*）。剑桥本的文献出处是 X.5.710.1; 16.1-4。——中译注

样的；同时也是和一个自由的女子遭到强奸之后嫁给了强奸他的人时的情形一样。更不用说类同于，如果有人逃避缴纳进口货物的关税，财产会因为这一事实而遭到没收；同时也类同于私自出口交战物资的人，例如出口武器和铁给萨拉森人。所有此类的细节都可以在上文提及的教皇教令（cum secundum leges）、摩尼法典（*Cod.*, 5, 5, 3; *Cod.*, 9, 13, 1；X, 5, 6, 6）以及《学说汇纂》（*Digest* xxxix.4.16）中找到。是啊，教皇在前文已提到的教皇教令（cum secundum leges）中明确地说过，正如上面所述的这些情形中会导致没收财产一样，他也希望同样的后果也会出现在异端的情形中。但是，没人否认，乱伦者、强奸犯、为萨拉森人提供武器的人以及拒付关税者在良心的法庭上依然是他们财产的真正主人。那么，为什么异端就不可以呢？康拉德自己就将上面提到的那些情形同异端归为一类。此外，要求一个刚刚从异端悔悟改宗过来的人将自己的财产全部交给国库，这可能也太过严厉了。

十五、由此可推到出以下推论：第一，异端可以合法地拥有自己的财产。

十六、第二，他可以慷慨地转让自己的财产，例如通过赠与。

十七、第三，如果他的冒犯行为被起诉至法庭，那么他就不能再有偿地转让其财产，例如通过出售或嫁妆的形式。这点是显而易见的。因为，如果他作为卖家受到了异端的谴责，那么他就欺骗了买家，令其承担着财货两空的风险。

十八、最后可以推论出，如果事实上没有没收财产的风险，那么他甚至就可以有偿地转让财产。例如，德意志有一个异端，天主教徒可以合法地从他那儿购买物品。因为，如果天主教徒在路德派的国家中不能从异端那里购买土地或者不能将土地卖给异端，这似乎就太过严酷了。但是，如果异端在良心的法庭上完全没有所有权，这种情况就是必然的结果。[①]

十九、综上所述，我们可以得出结论：无论在公法上，还是私法上，印第安人都不能被禁止成为真正的所有权人；无论是不信教的罪还是其他道德上的罪孽都不能妨碍印第安人成为真正的所有权人，诸如此类的罪也并未授权基督教徒夺取印第安人的财产和土地——这点是卡杰坦曾经详细而明确地提出的（*Secunda Secundae*, qu. 66, art. 8）。

二十、仍然有待考察的一个问题是，印第安人是否由于缺乏理性或者理智不健全而导致散失所有权呢？这又引出了另一个问题，利用理性的能力是否是一般的所有权权能的前提条件？事实上，康拉德提出的观点认为，非理性的造物，不论是有知觉的还是无知觉的，都能够拥有所有权（bk. I, qu. 6）。所有权只不过是利用某物为自己所用的权利，这一事实就证明了康拉德的观点。而且，野兽也能对花草、植物行使这项权利："看哪，我将遍地上一切结种子的菜蔬和一切树上所结有核的果子，全赐给你们作食物。至于地上的走兽和空中的飞鸟，并各样爬在地上有生命的物，我将青草赐给它们作食物。事就这样成了。"（《创世纪》1:29-30）同样，星星也拥有发光闪烁的权利："神就把这些光摆列在天空，普照在地上。"（《创世纪》1:17-18）而狮子则统治者所有在地上行走的动物，因此它就被称作百兽之王。老鹰则是飞鸟中的王者，对此赞美诗唱道："老鹰的巢穴是他们的领袖。"[②]（*Psalm* 103）[③] 在解释"统治"（*dominium*）一词的

---

① 即天主教徒不能将土地卖给异端，也不能从异端处购买土地。——中译注

② 这种观点是以对希伯来文的错误翻译为基础的，参见 A. V., Ps. 104, v. 17——英译注

③ 剑桥本为 Ps.104:17。剑桥本注释认为，这段经文维多利亚引用的是特伦特会议之前七十子圣经译文（pre-Tridentine Vulg.），和合本圣经译为："至于鹤，松树是它的房屋。"（as for the stork, the fir trees are her house.）——译者注

一开始，西尔维斯特和康拉德持有同样的观点，他说："不同的元素（elements）之间彼此相互统治。"

对此，我提出以下论点：

首先，非理性的造物是无法拥有所有权的（*dominium*）。这点是很清楚的，因为甚至康拉德也承认，所有权是一种权利。但是，非理性的造物无法拥有权利。因此，他们就无法拥有所有权。关于小前提可以证明如下，即它们不会遭受伤害，因此也就无法享有权利。而这一假设可以证明如下：人们防御被狼或者狮子捕食，或者阻止牛破坏牧场，这些行为都不会对它们造成伤害，同样，人们关上窗子阻止阳关照射进来，这也不会对太阳造成伤害。此外，如果野兽也拥有所有权，那么从草场上割走草料的人无疑就雄鹿犯下了盗窃罪，因为他违背了所有权人的意志拿走了本属于他的东西。这一事实也更加证实了我的观点。

与此同时，野兽在各自相互之间也无法拥有权利。它们既然无法拥有别的事物，那么就更不能彼此之间相互拥有了。对于这一假设，可以证明如下：人们可以不负任何责任地、甚至为了取乐子而杀死野兽；而亚里士多德也说，猎杀野兽是正当和自然的。（《政治学》1）[①]

同时，比起奴隶来，野兽和其他所有非理性的动物更加适合成为人类所有的目标。因此，如果说奴隶都不能自己拥有任何东西，那么更何况毫无理智可言的野兽呢？

我们的论点也得到了圣·托马斯·阿奎那的支持（Prima Secundae, qu. 1, art. 1 and 2, and qu. 6, art. 2, and *Contra Gentiles*, bk. 3, c. 110）。阿奎那认为，只有理性的造物才能对他们自己的行为拥有统

① 《政治学》，1256b9-25。——译者注

治权。正如托马斯所言,对于能否控制自己的行为的检测标准是,他必须有选择的能力(Prima Pars, qu. 82, art. 1, on obj. 3)因。此,正如他在同一个地方说道,就最终而言,我们都不是自身欲望的主人。那么,如果野兽不能控制自己的行为,他们又如何能控制别的事物呢?并且,尽管这似乎只是言辞上的争辩,但是,要赋予非理性的事物以统治权确实是相当不适当的,也是有违通常的语言习惯的。因为,除非某人实际控制了某件东西,我们通常是不会说他拥有该件东西的。而当我们没有拥有某物,我们就说:"它还不在我的控制之内。"或者"它还不在我的权力之内。"那么,正如圣•托马斯所说(Prima Secundae, 上引),野兽们与其说是自己在活动,不如说是被驱使着行动,正因此,它们是不能拥有所有权的。

西尔维斯特的观点认为统治有时候并非指的是权利,而仅仅指权力,就正如我们说火对水有统治权一样。这种观点同样是没有任何说服力的。因为,如果说权力就足以授予人们统治权,那么强盗就能够统治受害者,甚至直到其死亡,因为强盗有能力把他杀死;而盗贼也有权力取走被害者的钱财。此外,至于像星星施行统治以及狮子是百兽之王之类的说法,明显地,这些都只是一些比喻的、形像的说法。

二十一、人们似乎还会疑虑,尚不能使用理性的儿童是否拥有所有权?在这点上,儿童看起来和无理性的动物没有什么差异。正如使徒所说:"那承受产业的,……但为孩童的时候,却与奴仆毫无分别。"(《加拉太书》4:1)由于奴隶没有所有权,由此可证。但是,我们提出第二个论点:儿童,即便还不能使用理性,他们也能够拥有所有权。这点是很明显的。因为他们会遭受伤害,因此,他们就对事物拥有权利,同样由此他们也就拥有所有权,但它还仅仅只是一项权利。同样,处于被监护状态下的儿童的财产并非监护人的财产,它们自有其主人,其他任何人都不是它的主人,而只有被监护的儿童才是它们的主人。同样,既然儿童可以成为继承人,而继承人是继承死者权利,并且对遗产拥有所有权的人(*Dig.*, 44, 3, 11, 以及 *Inst.*, 2, 19, 7)。与此同时,正如前文所述,统治权(dominium)的基础是拥有上帝的形像,而儿童同样也拥有上帝的形像。此外,在前文引证过的《加拉太书》中,使徒说:"那承受产业的,虽然是全业的主人,但为孩童的时候,却与奴仆毫无分别。"(《加拉太书》4:1)这同样的原则对于非理性的造物却是不适用的,因为儿童不像野兽,他不为别人的利益而存在,他是为了自己的利益而存在的。

二十二、但是,对于那些理智不健全的人来说情况又如何呢?我指的是理智永久性的不健全的人,他们从不曾拥有过健全的理智,也没有任何恢复使用理性的希望。对此,我们提出第三个论点:他们似乎仍然能够拥有所有权,因为他们还会遭受伤害;因此,他们就拥有权利,不过,他们是否能够拥有民事上的所有权这个问题,我还是留给法学家们去解答吧。

二十三、无论他们给出怎样的答案,我们提出第四个论点:

印第安土著民并不会由于这个原因而被禁止成为真正的所有权人。事情的真实状况是,印第安人并非理智不健全,他们能够按照自己的方式利用理性。这个事实就足以证明我们的观点。印第安人能够利用理性这点是显而易见的,因为他们在处理自己的事务的时候也是显示出有具有相当技巧的,他们也有自己的政体,并且安排得井然有序,他们有固定的婚配,有长官、酋长、法律和工场,还有交换兑换体系,而所有这些都要求利用理性。同时,他们还有某种宗教。此外,他们在那些对其他人来说是不证自明的事情上也不会犯错,这点也足以证明他们能够利用理性。同时,上帝与自然并不是徒劳地提供给造物大部分必需的属性的。如此,人类最有价值的属性就是理性,而力量如果不能够被纳入到行动中则是无用的。在多少个漫长的世纪中,这些土著民们都处在救赎的范围之外。在这种状态下,他们生来就带有罪孽,却得不到施洗,也不能运用理性去寻找那些救赎所必须的东西。但是,这些都并不是他们自己的错。因此,对于为什么他们看起来如此愚钝不智,我主要将其归因于糟糕而野蛮的教育抚养方式,并且即便在我们自己人中间,我也时常发现有一些农民同野兽并无二异。

二十四、因此,总括前述所有论证,我们得出结论:即印第安土著民就像基督徒一样毫无疑问在公法和私法上都拥有真正的所有权,而且无论是他们的君主还是普通个人都不得以他们不是财产真正的所有权人为由剥夺他们的财产。我们已然将所有权授予萨拉森人和犹太人,他们是基督教永恒的敌人,那么我们拒绝将其授予给印第安人,他们从来没有伤害过我们,这是不是太过于残酷了呢?我们从来不否认萨拉森人和犹太人是他们的财产的真正主人,只要他们没有侵夺本属于基督徒的土地。

还有一个反对观点有待回答,即这些印第安土著民似乎是天然的奴隶,因为他们没有能力实行自治(self-government)。对此,我的答案是:亚里士多德的意思并不是说,这些理智上较他人稍逊一筹的人自然(by nature)就应当臣服于他人,并且也没有能力统治自己和其他事物;这只是民事和法律上的奴隶制,他们都并非天然的奴隶。亚里士多德的意思也并不是说,如果存在一些在理智上天然就略逊一筹的人,那么就允许人们夺取他们的财产,并将他们掳掠为奴,或者把他们卖掉。亚里士多德要说的是,由于他们天然的缺陷,他们需要受人统治与管理;对他们来说,服从他人是有好处的,就像儿女们在达到成年之前都必须服从他们的父母一样,就像妻子要服从丈夫一样。这才是这位哲学家的真实意图,这点从他相应的论述中也能清楚地看到。他说,有些人是天然的主人,这些人即指那些拥有较强理智的人。然而显而易见的是,亚里士多德这里的含义并不是说,这些人可以肆意妄为,以自己较为高超的理智奴役他人,他的真实含义是,自然给予这些人统治与管理的能力。因此,即便我们承认这些印第安人就像人们所宣称的那样又蠢又笨,我们仍然不能拒绝将所有权授予他们,更不能将他们等同于民法上的奴隶。事实上,征服印第安人的某些权利就是以这个理由和名号为基础的,这点我们下文即将看到。此刻,我们可以得出的确切结论是,在西班牙人到来之前,这些印第安土著民无论在公法上还是在私法上都是真正的所有权人。

第二节

第二节之概要:

论将新大陆土著民纳入西班牙统治的不合法理由。

一、皇帝并非整个世界的君主。

二、即便皇帝是整个世界的君主,这也不足以使其有权利获取印第安土著民的各个地区,并在那儿推翻先前的君主,扶植新的君主,并进行征税。

三、就民事统治与权力确切含义而言,教皇并非整个世界的世俗君主或尘世的君主。

四、即便教廷对整个世界拥有世俗权力,他也不能将其授予给世俗的君主王公们。

五、教皇拥有世俗的权力,但此权力仅限于服务于精神事务。

六、教皇对于印第安土著民以及其他不信教者并不拥有世俗的权力。

七、印第安土著民拒绝承认教皇的统治并不能成为对他们发动战争，夺取他们财产的理由。

八、在听闻关于基督教的任何事情之前，这些印第安土著民是否由于他们不信仰基督而犯下了不信教的罪愆？

九、为使无知能够被当成一项罪孽归罪于某人，即构成可以克服的无知(vincible ignorance)，需要些什么条件？什么又是不可克服的无知(invincible ignorance)？

十、印第安土著民是否有义务倾听基督教的第一声讯息，在基督的讯息被简单地传布给他们的情况下就信仰基督的福音，否则他们就会犯下道德罪孽。

十一、如果信仰只是被简单地传布给他们，而他们并未径直地接受信仰；这并不能成为西班牙人对他们发动战争的理由，也不能因此用战争法来对付他们。

十二、如果印第安土著民被要求与建议去和平地聆听宗教布道，他们要如何才能不会犯下道德的罪恶呢？

十三、在什么时候，印第安土著民有义务接受基督教，以免遭受针对道德罪恶的惩罚。

十四、基督教是否已经适当地传布给这些土著民，致使他们必须信仰基督教，否则将受到针对道德罪孽的惩罚。在作者看来，这点还不是足够的清楚。

十五、即使基督教已经以从未有过的充分证据传布给印第安人，而他们仍然不愿意接受，这也并不足以成为对他们发动战争，剥夺他们财产的合法理由。

十六、即便以教皇的权威，基督君主也不能管制约束这些土著居民，使他们不犯下那些违背自然法的罪行，也不能因此而惩罚他们。

印第安土著民过去是，现在也是真正的所有权人，这点是我们的前提。那么，接下来有待考察的是，通过那些合法的理由(title)，西班牙人能够征服他们以及他们的国家呢。

首先我会列举出人们可能提出的一些理由，但它们是不适当或者说不合法的理由。

之后，我会提出一些合法的理由，西班牙人能够通过这些理由统治印第安土著民。

人们有可能提出七个不合法的理由，同时也有七个或者八个合法与正当的理由。

人们可能提出的**第一项理由**是，皇帝是世界的君主。即便我们承认在过去他的这一主张还有一些缺陷，那么现在这些缺陷已经被涤除，他是我们现今最虔诚的基督教皇帝。因为，即使我们假设印第安土著民是真正的所有权人，然而他们之上也可能还有更高的主上，就像王公之上还有国王，而一些国王之上还有皇帝一样。因此，按照这种方式，就有可能有多个人对同一事物拥有所有权(dominium)；这也符合法学家们关于高级所有权与低级所有权(dominion high and low)，直接所有权和用益所有权(dominion direct and available)，纯真所有权与混合所有权(dominion pure and mixed)的陈腐划分。因此，问题就在于印第安土著民是否还有更高级的主上。而由于这个问题只有可能涉及到皇帝或者教皇，因此让我们分别论述他们：

我们要考察的第一项主张认为，皇帝是整个世界的君主，因此也是这些野蛮人的君主。“世界君主”这种称谓通常被给予上一任皇帝马克西米连，同时也给予现在至尊的查理皇帝。这是支持这项主张的第一个理由。其次，经文上说："凯撒奥古斯都有旨意下来，叫天下人民都报名上册"（《路加福音》2:1）而基督教皇帝无论在哪一点上都不应当比他更次等，由此可证。同时，上帝似乎称呼凯撒为犹太人的真正君主，因为上帝说："凯撒的物当归给凯撒，上帝的物当归给上帝。"（《路加福音》20:25）。因此，除非凯撒作为皇帝，否则似乎就不可能拥有这种权利。所以，巴托鲁斯在评注亨利七世的《编外教令》（*Extravagans* of Henry VII, *Ad reprimendum*）时明确认为："皇帝是整个世界正当的君主。"并且，这种观点同时也出现在注释法学家们评注 X, 4, 17, 13 上，同时也出现在对 X, 1, 6, 34 的评注上。①

他们首先从教会法（can. 41, C. 7, qu. 1）中证明这个观点。格里高利②说，蜜蜂之中只有一个蜂王，因此世界上就只有一个皇帝。他们还引证了《学说汇纂》（*Dig.*, 14, 2, 9），皇帝安东尼乌斯（Emperor Antoninus）说："我确实是世界的君主。"以及摩尼法典（Cod., 7, 37, 3, §1）上面写道："世上的所有东西理应都是属于皇帝的。"③

---

① 依据剑桥本这两处文献出处为 *Per uenerabilem*。根据剑桥本后附录的名词解释，*Per uenerabilem*（*X.4.17.13*）指的是 1202 年英诺森三世就蒙彼利埃的威廉公爵的私生子问题写作的书信。它成为了后来人们在争论教皇全权（plenitude potestatis）问题上的经典文本，坚称教皇拥有世俗事务方面的司法上诉权，但也允许国王事实上在其领地内拥有司法上诉权。——中译注

② Victoria has Hieronymous here following the editio Romana of the Corpus Juris Canonici, which attributes this to St. Jerome.——英译注

③ 卡耐基基金本从上文"巴托鲁斯"处开始至此，文献引用不甚明朗，剑桥译本十分清晰，现将其译出如下："关于这点，萨索菲拉托的巴托鲁斯在他评注皇帝亨利七世的作品《编外教令》（*Ad reprimendam*）（X. 1.31.8）中明确地说道："皇帝从法律上说是整个世界的君主。"同样的观点也出现在 *Glossa ordinaria* 对 *Per uenerabilem*（4, 17, 13）中的法令的评注中。此外，也详细地体现在 *Venerabilem*（X, 1, 6, 34）中。他们引用的证据是来自教会法 *In apibus*（*Decretum* C.7.1.41），其中，杰罗姆谈到正如蜂巢中只有一个蜂后一样，整个世界上也只有一个皇帝。他们还引用了罗马人的《罗德法》（*Lex Rhodia*）（*Digest XIV. 2.9*），其中，皇帝安东尼乌斯说："我就是世界的君主。"此外还引证了摩尼律法（*Bene a Zenone*），其中写道："所有的事物理应都是属于皇帝的。"（*Codex* VII.37.3 §1）——中译注

他们的这种观点还可以从如下的事实中获得支持，即首先亚当之后夏娃似乎曾经都是世界的君主："我们要照着我们的形像，按着我们的样式造人，使他们管理海里的鱼、空中的鸟、地上的牲畜和全地。"（《创世纪》1:26）稍后又写道："要生养众多，遍满地面，治理这地。"（《创世纪》1:28）而差不多同样的表述也放到诺亚身上。（《创世纪》8）因此，亚当夏娃都有了继承者。由此可证。

此外，既然有明证证明上帝是无所不能的，那他怎么又会不再世界上立一个最好的政府呢："都是你用智慧造成的。"（《诗篇》104）而君主制就是最佳的政府形式，这点是圣·托马斯令人羡慕地证明过的（*De regimine principum*, bk. 1, ch. 2），并且似乎也是亚里士多德支持的（*Politics*, bk. 3）。因此，世界上理应有一个皇帝，这点和上帝神圣的体制（divine institution）相符的。

此外，自然之外的事物都应当模仿自然的事物。而自然的事物中总是都有一个统领，例如在身体中，它就是心脏，在灵魂中，它就是理性。因此，在世界上，也理应由一个统治者，正如世界上有一个上帝。

然而，这种观点是毫无基础的。那么，我们提出我们的第一项观点：

一、皇帝并非全世界的君主。这个观点可以由如下的事实得到证明，即统治必定是要么以自然法，要么以神法，要么以人法为基础，但是在它们之中都没有关于世界的君主的规定。由此可证。关于小前提可以证明如下：首先关于自然法，圣·托马斯明确地说，按照自然法，人类除了要服从父母和丈夫的统治之外，都是自由的（*Prima Pars*, qu. 92, art. 1, on obj. 2, 以及 qu. 96, art. 4）。可见，父亲统治子女，丈夫统治妻子，这些都是符合自然法的。因此，按照自然法没有人能够统治世界。此外，圣·托马斯还说，统治和卓越(preeminence)是由人法引入的,因此它们不能依照自然法而定(Secunda Secundae, qu. 10, art. 10)。人们找不出任何更有说服力的原因说明,为什么德意志人比高卢人更加适合统治世界。并且,亚里士多德也说,权力有两种(*Politics*, bk. 1),一种源自家庭,就像父亲对子女,丈夫对妻子的权力,它是自然的权力。另一种是民事的,尽管这种权力也可能从自然中发源,并且正如圣·托马斯所说有可能是属于自然法的(*De regimine principum*, bk. 1, ch. 2),然而,由于人是一种政治的动物,因此,民事的权力并不是以自然,而是以法律为基础的。

其次关于神法。在我们的救主基督降临之前,我们没有读到任何关于皇帝是全世界君主的记载,尽管巴托鲁斯在对《编外教令》(Extravagans, Ad reprimendum)的评注中以《但以理书》中引用关于尼布甲尼撒的经文为例。关于尼布甲尼撒经文上说:"王啊,你是诸王之王,天上的 神已将国度、权柄、能力、尊荣都赐给你。凡世人所住之地的走兽,并天空的飞鸟,他都交付你手,使你掌管这一切。"(《但以理书》2)然而,可以肯定的是,尼布甲尼撒是从上帝那儿获得他的权威的,并且和其他的君主完全一样的形式获得的,没有得到任何特殊的恩赐:

"没有权柄不是出于神的。"(《罗马书》13)以及"帝王借我坐国位;君王藉我定公平。"(《箴言》8)此外,正如巴托鲁斯认为的那样,尼布甲尼撒并不能对整个世界拥有合法的统治权,因为犹太人不是他的合法臣民。

还有另外一个事实能够证明按照神法,并没有一个君王能够统治整个世界,此即犹太人时不受外族人统治的,也就是说,按照犹太人的律法,犹太人是禁止任何外族人成为他们的统治者的。"不可立外人为王。"(《申命记》17:)此外,尽管圣·托马斯说过,罗马人由于他们的正义与爱国以及他们的法律的优越性，而被上帝托付了一个帝国（*De regimine principum*, bk. 3, ch. 4 and 5）。然而，正如圣·奥古斯丁也说，这并不意味着他们通过神圣的恩赐或者神圣的定鼎而获得了他们的帝国（*De civitate Dei*, ch. 18），而是意味着罗马人获得世界的主权是天命（divine providence）降临的体现。然而，罗马人获得他们的帝国并不以扫罗或者大卫从上帝那儿获得他们的王国那种方式获取的，相反，他们是以其他一些方式，例如通过正义战争或者其他的合法理由。

人们只要考虑一下世界上的主权与统治权是以何种理由、何种方式流传至今的，那么，这种观点就是不证自明的。因为，略去大洪水之前发生的所有事情不谈，在诺亚之后，世界一定是被划分成了不同的地区与王国。这有可能是按照诺亚自己的法令完成的，因为诺亚在大洪水之后还活了三百五十年(《创世纪》9)，并且在不同的地方建立了殖民地就像巴比伦的贝洛索斯（Berosus）。但更有可能的是按照在不同的地区生活的各个家族一致同意的意见而定的。正如《创世纪》中亚伯拉罕对罗得说："遍地不都在你眼前吗？请你离开我：你向左，我就向右；你向右，我就向左。"(《创世纪》13)因此，经文告诉我们，由诺亚的后裔繁衍了众多的人民与国家(《创世纪》10)。在有些地方，人们首先通过篡夺获得了统治权，就像宁录所做的那样。关于宁录，经文说，他是地上第一个强大的君主。(《创世纪》10)在其他一些地方，许多人一致同意联合成国家，他们通过一致同意任命了一位君主统治他们。可以肯定的是，通过这样或那样一些方式，主权和统治权就在世界上确立了，并且此后，或者通过继承或者通过战争或者通过其他一些理由，它们流传至我们今天，或至少流传到救主基督降临的时代。因此，显而易见的是，在基督降临之前，神法并未授权任何人，使他有权统治整个世界。所以，现今的皇帝不得傲慢自大为自己僭取整个世界的统治权,因而,他也就不能统治印第安人。

然而,可能有人会断言,我主基督降临之后,通过基督的明确恩赐,世界上就有了一个皇帝。因为就其人性而言,基督就是全世界的君主。《马太福音》说:“天上地下所有的权柄都赐给我了。”(《马太福音》28:18)按照圣·奥古斯丁和圣·杰罗姆的观点,这段经文应当被理解为指涉的是基督的人性。同时,使徒也宣称:“神叫万物都服在他的脚下。”(《哥林多前书》15)因此,正如他在地上留下了一个代牧以掌管精神事务,同样在世俗事务方面也是如此,而掌管世俗事务的就是皇帝。圣·托马斯也说,从其诞生以来,基督就是世界真正的君主与国王,而奥古斯都就变成了他的代理人,尽管他自己对此毫无意识(*De regimine principum*, bk. 3, ch. 13)。那么,显而易见的是,奥古斯都代理的不可能是精神事务,而是世俗事务。由此可见,基督的王国,如果是世俗的,它就必定是统治整个世界的,而据此,奥古斯都就是全世界的君主,并且按照同样的原则,他的继承人也是全世界的君主。

然而,这种论点也是完全站不住脚的。第一,认为基督就其人性而言是整个世界的世俗君主,这点是值得怀疑的。更加可能的是,基督并非整个世界的君主,而且,我主基督似乎明确断言:“我的国不属这世界。”① 因此,圣·托马斯对此评论道,基督的统治权是径直为了灵魂救赎与精神上的利益的,尽管正如它是为精神事务而设的,但同样也不能将其排除在世俗事务之外。这表明,在圣托马斯看来,基督的王国和世俗、尘世的王国是不一样的,尽管基督拥有所有的权柄,甚至在世俗事务方面,但是世俗方面的权力仅限于为灵魂

① *St. John*, ch. 18, v. 36.——英译注

拯救的目的服务，抛开这一目的，基督也就没有权力了。此外，即便我们承认，基督是世俗的君主，要说他将这项权力遗留给了皇帝，这只能是一种猜测，翻遍整本《圣经》都找不到诸如此类的表达。关于圣·托马斯的观点认为皇帝奥古斯都是基督的代理人。首先，他确实在书中表达过这种观点，但是，在他的《神学大全》第三编（Tertia Pars）中，他显然实在谈论基督的权力，但是他却对世俗权力只字不提。

其次，圣·托马斯认为皇帝是基督代理人的真实含义是，世俗权力是必须服从、臣属于精神权力的。在这个意义上，国王是主教的仆从，这是一项真理，正如铁匠的技艺必须服从于骑士和士兵的技艺一样，而无论何时士兵还是将军都不是铁匠，他们只关心向铁匠发布命令，要求其打造武器。再者，圣·托马斯在评注《约翰福音》时明确写道，基督的王国不是世俗的王国，不是诸如彼拉多所侍奉的那种王国，而是一个精神的王国。对此，我主基督在经文中说道："你说我是王，我为此而生，也为此来到世间，特为给真理作见证。"（《约翰福音》18）这表明，认为通过基督的明确恩赐，世界上就有了一个皇帝与君主，只是一种虚构。

以下的考虑有可能确认这种观点，即如果按照神法存在世界君主这种体制，那么这个帝国又怎么会被分为东部和西部呢？帝国首先是被君士坦丁大帝的儿子们分割的，之后又被教皇斯蒂芬分割，他将西部帝国授予给德意志人，正如 X,1,6,34（？）[①] 所记载的那样。正如法学家们的评注指出的那样，认为此后希腊人就不再是皇帝了；这种论断是不合适，也是无知的。因为，德意志皇帝从未对希腊人

① 卡耐基基金本此处存疑未决。按照剑桥本，此处为 *Venerabilem*, X,1,6,34。——中译注

主张，自己是希腊人的君主；而君士坦丁堡的皇帝约翰·帕略奥洛古斯（John Palaeologus）在佛罗伦萨大公会议上被认为是合法的皇帝。

此外，教会的财产并不属于皇帝，这点是法学家们自己甚至巴托鲁斯本人也承认的。那么，既然教皇都不能赦免任何人不受教皇权力的统治，而如果按照神法所有的事物都是属于皇帝的，皇帝就更不能通过赠送或者其他形式，使得世间的事物不受皇帝统治。同时，西班牙王国不属于皇帝，法兰西也不属于皇帝，正如上文提及的 X, 1, 6, 34[①] 所认为的那样。尽管关于这点，法学家们别出心裁地认为，这只是事实状态，而不是法律状态。同时，博士们也都承认，过去曾经附属于帝国的那些国家有可能通过时效（prescription）而获得独立。而如果这些国家的附属地位是由神法规定的，那么这种情况是不可能发生的。

最后，从人法上看，显而易见的是，皇帝并非世界的君主。因为如果事实如此，那么依照独一无二的权威就应当有相同的法律，但并没有全世界相同的法律。而且，即便有，这种法律也是毫无效力的，因为法律首先要求有治权（jurisdiction）。那么，如果皇帝在法律制定之前不能对全世界拥有治权，那么法律就不可能约束那些之前没有臣服于皇帝的人。另一方面，皇帝也不可能通过合法的继承、赠与、交换、购买、正义战争、选举或者其他合法的理由获得世界君主的地位，这点也是公认的。因此皇帝从来就不是整个世界的君主。

二、我们的第二项观点如下：即便承认皇帝是世界的君主，但这仍然不意味着授权他可以夺取印第安土著民的领地，推翻那儿先前

① 卡耐基基金本此处疑有误。剑桥本此处为英诺森三世的教令 Per uenerabilem（X.4.17.13）。——中译注

的统治者，扶持新的统治者，并征收税收。证明如下：即便那些将世界的统治权授予皇帝的人也认为，皇帝的统治权并不是在所有权方面，而仅仅是在司法权方面。而皇帝的司法权并不能广泛到足以授权他能够把印第安人的领土为己所用，或者随心所欲地摧毁他们的城市甚至国家。那么，这就表明，西班牙人不能以此为理由夺取印第安人的土地。

人们宣称能够合法占有印第安人土地的合法理由被归于教皇，并且这项主张得到人们有力的坚持。因为，人们认为教皇也是统治全世界的世俗君主，因此，他就有权令西班牙的国王统治印第安土著民，并且也这么做了。

在这个问题上，有一些法学家，他们认为，教皇在全世界的世俗事务上也拥有全权（full jurisdiction），并且甚至还认为，所有世俗君主的权力都来自教皇。[①] 这是霍斯腾西斯（Hostiensis）评注 X,3,34,8 时所坚持的观点，同时也是枢机主教（pt. 3, tit. 22, ch. 5, §8）和奥古斯丁努斯·安科尼坦乌斯（Augustinus Anconitanus）的观点。[②] 在解释"不忠"（infidelitas, §7）、"教皇"（Papa, §§7, 10, 11, 14）以及"合法"（legitimus, §4）这些词时，西尔维斯特也主张同样的理论，并且对教皇的权力做了更多的让步，更扩充了教皇的权利。在上文提及的他的那些文章中，他对这个问题做了独一无二的评论，例如，他认为："皇帝以及所有其他君主的权力相对于教皇来说都是再次受托

---

① 剑桥本此处为："确实，巴托鲁斯在他对《编外教令》*Adreprimendam*（X. 1.31.8）的评注中也坚持这种观点，并且还认为，所有世俗君主的权力都来自教皇。"——中译注

② 剑桥本此处的文献出处更加清晰明确："这也是霍斯腾西斯评注教令 Quod super his（X.3.34.8）时所坚持的观点，同时也是佛罗伦萨的圣·安东尼诺（St. Antonino）在他的 *Summa theological* III. 22.5 中坚持的观点，也是阿格斯蒂诺·特里奥佛（Agostino Trionfo）所坚持的观点。"——中译注

的(sub-delegated),它们都通过教皇的中介而最终源自上帝。""他们的权利都依赖于教皇。""君士坦丁赠与教皇土地,以谋求教皇对其世俗权力的承认。"另一方面,"教皇将帝国交给了君士坦丁,供其使用与获利。"[①] 他还说:"君士坦丁的行为事实上并不是赠与,相反,他只是归还了先前拿走的东西。""如果教皇不能在教会财产的范围之外实施治权(jurisdiction),这并不是由于他缺乏权威,而是为了避免犹太人的反感,为了保证和平。"此外,他还说了其他许多甚至比这些更加空洞荒谬的话。对于这些观点,他给出的唯一证据是一些经文:"地和其中所充满的,……都属耶和华。"[②] "天上地下所有的权柄都赐给我了。"[③] 教皇是上帝和基督的代牧。基督"为了我们的利益存心顺服,以至于死"等等(《腓立比书》2)[④] 巴托鲁斯在对《编外教令》(Extravagans, Ad reprimendum)的评注中似乎也坚持这种观点。而圣·托马斯在他评注《《嘉言录》》一书的第二卷的末尾似乎也赞成这种观点,最后的一段话是为了论证第四项观点(也是全书最终的观点)即教皇拥有最高的世俗权力与最好的精神权力。赫尔维乌斯(Herveus)在他的著作《论教会权力》(*De potestate Ecclesiae*)中也主张同样的观点。

以上述这些论证为基础,支持这种观点的作者们推到出如下的结论:首先,教皇拥有绝对的权力(free power),他是最高世俗权力的根基,因此有权令西班牙国王统治印第安土著民。其次,他们认

---

① 剑桥本此处为:"君士坦丁赠与教皇土地,以谋求教皇对其世俗权力的承认。反过来,教皇给予君士坦丁用益权以及帝国的岁入。"——中译注

② Psalm 24, v. l.——英译注

出自《诗篇》24:1。——中译注

③ St. Matthew, ch. 28, v. 18.——英译注

④ 剑桥本较为完整地引述了《腓立比书》2:8-10的内容,但也有缺漏:"既有人的样子,就自己卑微,存心顺服,以至于死……所以神将他升为至高,又赐给他那超乎万名之上的名,叫一切在天上的、地上的……,因耶稣的名无不屈膝。"——中译注

为，即便假设教皇不能这么做，但是无论如何这些土著民拒绝承认教皇对他们的世俗权力，这就足以保证教皇对他们开战，并统治他们。现在，这些事情都完成了。首先教皇将印第安人的土地授予给了西班牙国王。其次，印第安土著民被告知，教皇是上帝的代牧，是上帝在地上的代理人，因此据说印第安人应当承认教皇为自己的主上。而他们拒绝这么做，这就为对他们开战并夺取他们的土地提供了很好的理由。如此等等。前文提到的霍斯腾西斯明确地表达过这样的观点，安格鲁斯（Angelus）在他的著作《大全》（*Summa*）中亦持同样立场。

然而，既然我已经在“论教会权力”（*de Potestate Ecclesiastica*）这一“重释”中详尽地讨论过教皇的世俗权力了，针对上面的问题，我就简短地提出我的观点：

三、第一，就“统治权”（lordship）和“世俗权力”（civil power）的确切含义而言，教皇不是整个世界的世俗君主。托克马达（Torquemada, bk. 2, ch. 113）、乔安内斯·安德里亚以及胡果（Hugo）对教会法的评注（can. 6, Disc. 96）都曾经的出过这种结论。并且最为博学的英诺森在上文引证过的 X,1,6,34 中承认，他对法兰西王国没有世俗权力。并且，在献给教皇尤金三世（Eugenius III）的著作《论思索》（*De consideration*）的第二卷中，圣·伯纳德（St. Bernard）似乎也表达了类似确切的观点。相反的观点似乎是有违我主基督的诫命的，经上说：“你们知道外邦人有君王为主治理他们。”（《马太福音》20）“只是在你们中间不可这样。”（《路加福音》22）如此等等。同样也是有违使徒彼得的诫命的：“也不是辖制所托付你们的，乃是作群羊的榜样。”[①] 因此，正如上文所述，似乎更加可能的是，我主基督

① I Pet., ch. 5.——英译注

也不具有世俗权力，这点也是圣·托马斯的观点。那么如果基督都没有世俗权力，那么作为基督代牧的教皇就更没有世俗权力了。上述的那些思想家们将教皇本人自己都未曾主张过的权力强加到他身上。正如我在有关教皇权力的"重释"中所表明的那样，教皇本人倒是在许多文字中承认了相反的情况。我们的证明力是充分的，就像在上文论述皇帝的情形中那样。因为，教皇的统治权要么来自自然法，要么来自神法，要么来自人法。而毫无疑问的是，自然法和人法都未曾授予他任何权力，而且也已经证明了神法也未曾授予他这些权力。因此，这种论断是毫无依据的，是武断的。

再者，我主命令彼得说："你喂养我的羊。"[①] 这也明确地表明，它意味着精神上的权利而不是世俗的权力。此外，教皇的势力范围并不及于整个世界，这也是可以证明的。因为我主说，到世界的末日"要合成一群，归一个牧人"。（《约翰福音》10）这便清楚地证明，在现时代，羊们还没合成一群。再次，即便假设基督拥有统治世界的世俗权力，那么显而易见的是，这项权力也没有被授予给教皇。比起在世俗事务方面，教皇在精神事务方面更有资格作为基督代牧。然而，教皇对于不信教者尚且没有精神上的司法权（这点甚至我们的论敌也承认，并且似乎使徒的教导中也有所表达："审判教外的人与我何干？"），那么在世俗事务方面，他更加没有司法权。基督对全世界拥有世俗权力，因此，教皇也同样拥有这种权力，这种观点几乎没有什么真实性可言。基督无疑对全世界拥有精神上的权力。基督的精神权力对于不信教者丝毫也不比对于信徒们的小，因此基督能制定法律，约束整个世界，就像基督在洗礼和信条中所体现的那样。然而，教皇对于不信教者却并不拥有这项权力，并且也不能开

① St. John, ch. 21, v. 17.——英译注

除他们的教籍，也不能在神法所许可的范围内禁止他们结婚。同时，根据博士们的观点，基督甚至都没有将他精神上的至尊权力授予给使徒。因此，从基督对世界拥有世俗权力便推导出教皇也拥有这种权力，这种推理实在没有任何说服力。

四、第二，即使假设教廷对全世界拥有世俗权力，他也不能将之授予给世俗的君主们。显然这是因为，这项权力是同教皇一职（Papacy）紧密不可分的，任何一位教皇既不能将之与教皇的职务分离，也不能剥夺了继任者们继承这项权力。因为继任的教皇的权力不可能比前任教皇的权力小。要是有哪一位教皇将这项权力赠与他人，这种赠与行为要么是无效的，要么继任的教皇也能将之废除。

五、第三，教皇拥有的世俗权力仅限于它是有助于精神方面事务的，即它是管理精神方面事务所必不可缺的。这个观点也是托克马达（前引，ch.114）以及所有博士们都赞同的观点。这个观点也很容易得到事实的证明，因为拥有更高目的的技艺可以统治和指令那些隶属于更低目的的技艺（《伦理学》卷一）。精神权力的目的是终极的幸福，而世俗权力的目的是政治的幸福。因此世俗权力是隶属于精神权力的。英诺森采取的就是这种观点（X, 1, 33, 6）。① 如下一种考虑也能够证实这个观点，即一旦将某项职务授予给了某人，那么隐含地也就将完成职务所需的一切都授予给他了，缺少这些，他就不能适当地完成其职责（X,1,29,1）。②

因此，教皇是承担着基督使命的精神牧师，这一职责的履行不能被世俗权力阻碍（上帝或自然会提供所必需的一切，从不会有所欠缺）。就这一点而言，教皇统治精神事务方面所必需的世俗权力

① 分别指英诺森三世与教皇教令 *Solitae*（X, 1, 33, 6）。——中译注

② 剑桥本的文献出处为教皇教令 *Sedes apostolica*（*Extrauagantes Communes* 1. 6.1）。——中译注

同样也保留给了教皇，这点是毋庸置疑的。而且，按照这项原则，教皇可以阻止那些会导致罪恶的世俗法律，就像他有权废除由某个教派依照邪恶的信念而制定的法律一样（这点从 X,2,26,20[①] 中可以看到）。同样，按照这项原则，当君王们彼此之间在主权权力上发生了争执，并发生了战争，他就能作为法官调查各方的主张，并作出判决。并且，君王们必须尊重这项判决，否则基督君主之间发生的战争导致的不可避免的后果就是无数精神上的邪恶将接踵而至。不过，即便教皇没有这么做或者很少这么做，这也并不是像杜兰杜斯院长（Master Durandus）所说的那样因为教皇无权这么做，而是因为由于担心名誉受损，他不想让君王们以为他是出于野心的动机，或者因为他害怕使徒法庭（Apostolic See）代表君主们发动反叛。[②] 按照这项原则，教皇们有时还可以废黜国王，甚至拥立新的国王，而且过去他也曾经这么做过。因此，任何可以正当地将自己成为基督徒的人自然都不应当否定教皇的这项权力。这也是帕鲁达努斯（Paludanus）、杜兰杜斯（Durandus, *De jurisdictione ecclesiastica*）和亨利库斯・刚达文西斯（Henricus Gandavensis , *Quodlibeta*, 6, art. 23）所主张的观点。同样也正是在这一层意义上，无数的认为教皇拥有双剑的法律才能够得到解释。早期的博士们都坚持这样的观点，在前述的评注《《嘉言录》》第二卷的著作中，圣・托马斯就主张这种观点。

是的，教皇对世界拥有权力，依照同样的原则，主教们在其主教教区内同样也拥有世俗权威。因此，无论是君主还是地方官员，只要试图阻止主教们通过罚款、放逐或者其他世俗的惩罚方式劝诱俗

---

① 剑桥本的文献出处为教皇教令 *Quoniam omne*（X,2,26,20）。——中译注

② 此句在剑桥本中出入较大："如果教皇没有这么做，或者并不经常这么做，那并不是因为像杜兰杜斯所主张的那样，教皇没有权力这么做，而是因为教皇担心这会诱使君主们尝试通过贿赂或者背叛教廷而实现他们的目的。"——中译注

人们不要作恶,那么,他们就在言语上或者行动上犯错了。因为只要主教们没有由于贪婪牟利,而是出于必要,为了精神上的利益而这么干,主教们的行为就没有超出他们的职权。而且,在此我们也进一步地找到了一项支持我们第一项观点[①]的论据,因为如果教皇是世界的君主,主教同样也就是其主教教区的世俗首领,因为,在他的主教教区内,他也是基督的代牧。不过,我们的论敌们否认这点。

六、第四,教皇对印第安土著民和其他不信教者都不具有世俗的权力。这是从第一和第三可以推导出来的结论。因为除了在那些有助于精神事务方面的世俗权力外,教皇再没有其他世俗权力。而且教皇对于那些印第安土著民和不信教者连精神的权力都没有(《哥林多前书》5:12),因此,同样对他们也没有世俗权力。

七、由此得出的必然推论是,即便印第安土著民拒绝承认教皇的统治权威(lordship),这也并不构成对他们开战,掠夺他们财产的理由。这点是千真万确的,因为教皇没有这种权威。并且,即便印第安土著民拒绝接受基督作为他们的主(lord),这也不构成对他们开战或者对他们施加任何伤害行为的理由。单凭这一事实也显然足以证明上述推论。因此,我们的论敌认为,既然这些印第安土著民毫无危害地拒绝基督,他们就理应接受基督的代牧带给他们的战争惩罚,以及没收财产的惩罚,对了,还包括刑事惩罚。他们的这些观点完全是荒谬无稽的。根据他们的观点,之所以不能使用强制手段,即便印第安土著民拒绝接受基督或者基督信仰,的原因是信仰是无法通过自然理性的方法向印第安人明确证明的。这第二项事实也足以证明上述推论的正确性。因此,它就更不能证明教皇对印第安人拥有统治权了。由此,印第安土著民是不能被强制接受教皇

① 参见本节三。——中译注

的统治权威的。

此外，尽管西尔维斯特对教皇的权力进行了长篇大论的讨论，然而，在讨论“异教徒”（infideles [§ 7]）一词时，他明确地坚持反对霍斯腾西斯的观点，认为不信教者不得被武力强制接受教皇权威，也不能以此为理由剥夺他们的财产。[①] 并且，在 x,3,34,8[②] 中，英诺森也坚持同样的观点。而且这种观点无疑也是圣·托马斯的观点（*Secunda Secundae*, qu. 66, art. 8, on obj. 2）。托马斯认为，不信教者的财产不能被剥夺，但且仅当他们作为世俗君主的臣民会由于法律上熟知的一些原因而被剥夺财产，这些原因会使得君主的臣民们统统都被剥夺财产。在评注这些观点时，卡杰坦也明确地表达了一样的观点。事实上，居住在基督徒中间的萨拉森人从来就没有因为此类原因而被剥夺财产或者受到任何伤害。如果由于不信教就足以成为对他们开战的理由，那这个原因更可以成为剥夺他们财产的理由了，因为没有任何一个不信教者会承认教皇的权威。但是，即使在我们的论敌中也没有任何一位博士会承认，不信教者会仅仅由于不信教而被剥夺财产。因此，与我们论辩的那些博士们的主张，即如果不信教者承认了罗马教皇的权威，人们就可以对他们开战，如果他们不承认教皇的权威，也可以对他们开战，完全是诡辩之辞。没有一个不信教者会承认这个观点的。

这表明，我们当前讨论的这一理由无法成为反对印第安土著民的正当理由。基督徒既不能因为教皇以其绝对权威为根据将印第安人的土地赠送给基督徒而对印第安人开战，更不能因为印第安人

① 此句与剑桥本有一定的出入，剑桥本作：“西尔维斯特尽管同意教皇拥有极其广泛的权力，他仍然明确反对霍斯腾西斯的观点，认为不信教者不得被武力强制接受教皇的权威，也不得因此而被剥夺了财产。”——中译注

② 剑桥本出处为教皇教令 *Quod super his*, X.3.34.8。

不承认教皇的权威就对印第安人开战。它们都不是对印第安人开战的正当理由。这是卡杰坦详细论述后所坚持的观点(on *Secunda Secundae*, qu. 66, art. 8, on obj. 2)。相反,教会法学家们的观点都不应该得到重视,因为,正如上文所述,当前讨论的这些事务是涉及神法的,而教会法学家中的大多数以及有分量的学者都坚持相反的观点,其中著名的就包括乔安内斯·安德里亚。我们的论敌们无法找到任何的文本支持他们自己的观点。① 并且,甚至连佛罗伦萨枢机主教伟大的权威在此也不能加以承认,因为他追随了奥古斯丁努斯·安科尼坦乌斯(Augustinus Anconitanus)的观点,就像在其他地方他追随教会法学家的观点一样。因此,综上所述,在西班牙人最初抵达美洲时,他们没有任何权利占领土著居民的土地。

然而,人们还能找到另外一项理由即发现的权利,这是一项最原初的权利,在它之前没有任何权利理由能够得到论证。而且,也正是仅仅以此为理由,热那亚人哥伦布首先开启了航程。因此,这看起来似乎是一项充分的理由,因为按照万民法和自然法,这些被弃的地方应当成为最早的发现者的财产(*Inst.*, 2, 1, 12)。因此,由于西班牙人是最早发现并占有这些土地的,因此他们是这些土地的合法所有者,这正如他们一些被弃并且无人居住的土地一样。

然而,无论从公法还是从私法的角度来说,对于我们当前讨论的这第三项理由而言,正如上文证明的那样,印第安人才是真正的主人。这点是毋庸赘言的。因为万民法中的规则是,无人所有的财产才属于最早的发现者,这点在前文提及的《法学阶梯》的文段中已经清楚明白地写着。而当前所讨论的这些标的物并非是没有主人的,因此它不能适用我们正在讨论的这一法规。因此,尽管这一理

---

① 此句以及之前一句为剑桥本所缺。——中译注

由当和另一项理由相结合时能够产生一些效果(下文即将论述),然而,就其本身、按其本身(in and by itself)而言,它丝毫也不能支持人们占有印第安人的土地,正如它同样也不能支持印第安人通过发现我们而占有我们的土地。

因此,人们就提出了第四项理由,即尽管基督信仰已经被传布给印第安人,并且是经过循循善诱、百般开导之后,印第安人仍然拒绝接受基督信仰。这项理由似乎可以成为占有印第安土著民土地的合法理由。原因如下:首先,经文上记载:"信而受洗的,必然得救;不信的,必被定罪。"(《马可福音》16:16)因此印第安土著民必须接受基督信仰。[①] 然而,除非犯有道德上的罪愆,否则任何人都不应当受到谴责,并且经文也记载:"除他以外,别无拯救;因为在天下人间,没有赐下别的名,我们可以靠着得救。"(《使徒行传》4)因此,由于至少在精神事务方面教皇是基督的牧者,看起来似乎至少按照教皇的权威,人们可以强迫印第安人接受基督信仰,并且如果他们反抗要求他们接受基督信仰的命令,人们就可以按照战争法(the law of law)对他们采取行动。更不用说,各国君主看起来可以以他们自己的权威采取行动,因为,他们也是"神的用人,是伸冤的,刑罚那作恶的"(《罗马书》13)。而那些拒绝接受基督信仰的人就犯下了大罪,因此各国君主可以强迫他们接受之。

其次,如果法国人拒绝服从他们的国王,西班牙国王能够强迫他们服从。因此,如果印第安土著民拒绝服从上帝,而上帝又是他们真正的至尊主上,因此凡是基督教君主都可以强迫他们服从。因为出于上帝的理由并不会比任何出于人的理由更没有说服力。司各特(Scotus)的观点也支持这一主张。司各特在论述为不信教者的

---

① St. Mark, ch. 16. v. 16.——英译注

子女施洗时认为,人们可以被强制去服从一个更高级的主上而不能被强迫服从更低级的仆从。如果是这样,既然人们就可以采取强制措施迫使这些印第安土著民服从他们的强制,那同样也可以强迫他们服从基督和上帝。

再次,如果印第安土著民公开地亵渎基督,就可以采取战争的手段迫使他们停止此类的亵渎行为。这点是博士们都承认的,并且也是事实。因为如果他们嘲笑十字架或者以其他任何方式侮辱性地滥用基督信仰,例如模仿嘲弄基督教圣礼或者租入此类的行为,我们就可以对他们采取战争行动。这点是显而易见的,要是他们冒犯了一位基督君主,即便这位君主已经去世了,我们也可以为他报仇雪恨。那么,如果他们冒犯了基督(他是基督徒永世的国王),那么人们就更加可以为此采取行动了。这点是毋庸置疑的。因为如果基督是有血有肉的存在,异教徒胆敢冒犯他,我们都会毫不犹豫地通过战争为他报仇雪恨。因此,在此种情况下也是如此。而且,正如圣·托马斯所断言和证明的那样(*Secunda Secundae*, qu. 10, art. 3),不信教是比亵渎行为更加严重的罪行,因此,不信教就是所有道德罪恶之中最为罪孽深重的罪行,因为它直接反对信仰,而亵渎行为却没有直接反对信仰,只是反对信仰的忏悔(the confession of faith)。不信教从根子上剪断了人们在信仰上皈依上帝的可能,而亵渎行为却没有。因此,既然基督徒可以由于不信教者对基督的亵渎行为而对他们采取战争行动,那么他们更加可以对他们不信教本身采取战争行动了。并且,不信教在基督教国家中是一项会在世俗法律上会受到死刑处罚的行为,而亵渎行为却不会。这一事实同样也证明了亵渎行为不像不信教一样罪孽深重。

八、针对这些观点,我提出以下反驳:

第一,在印第安土著民听闻任何关于基督的事情之前,他们并没有由于不信仰基督而犯下任何不信的罪行。这项观点也明确是圣·托马斯的观点(Secunda Secundae, qu. 10, art. 1)。他说,那些没有听闻过基督的不信教者并没有犯下罪行,更不能因此遭受惩罚;这种对于神圣事物的无知是我们最初的先祖(our first parents)的罪恶的结果。他说:"诸如此类的不信教者可以由于其他罪行而遭受谴责,……但绝不能由于不信教本身而受到惩罚。"我主说:"我若没有来教训他们,他们就没有罪。"(《约翰福音》15)圣·奥古斯丁在阐释这段经文时说,它指的是不信仰基督的罪行。圣·托马斯也表达了同样的观点(*Secunda Secundae*, qu. 10, art. 6, and qu. 34, art. 2, on obj. 2)。

这个观点是同许多博士们,尤其是阿尔提西奥多仁西斯(Altissiodorensis)在这个问题上的观点相反的。在 3 p.[①] 关于 Utrum fidei possit subesse falsum 这个问题的论述中,他说,不仅对于基督的无知而且对于任何信仰信条的无知都并非可以宽恕的无知(invincible lgnoranc),因为人们要是能够尽心尽力地行事,上帝就会要么通过上帝内在的博士或者外在博士启示人们(the doctor that is within him or through a doctor outside)[②],因此,信仰任何有悖于信仰信条的行为都是道德上的罪恶。他举了一个老妪的例子,她接受了一位主教向她传布的有悖于信仰的布道。他因此推导出一般性的结论认为,对神法的无知并不能宽恕任何人。巴黎的威廉秉持相同的观点,并且也以同样的论证方式证明此观点。他说,人们要是能够

① *Summa aurea sententiarum*: Paris edition (1500), fol. CXXXV, col. 4 at end.——英译注此处阿尔提西奥多仁西斯即为 William of Auxerre,3p. 这一文献出处为 *Summa aurea* III. 3。——中译注

② 此句剑桥本译文更为清晰:"如果人们尽其所能,上帝就会要么通过外在的老师,要么通过内在的光来启示他。"——中译注

尽心尽力地行事，他们因此就会接收到上帝的启示，而如果人们不能尽心竭力地行事，他也就不能够获得原谅。而且热尔松（Gerson）似乎也持同样的观点（*De spirituali vita animae*, lect.4）。他说："博士们都一致认为，在神法的事务方面，没有为可宽恕的无知提供任何空间，因为上帝总会帮助那些按照上帝的教导行事的人，上帝随时准备着启发那些渴望获得救赎、不想犯错的灵魂。"① 此外，胡果·德·桑克托·维克多（Hugo de Sancto Victore）② 认为，任何人违背上帝的诫命没有接受洗礼，他都不能以无知为理由而获得宽恕（bk. 2, pt. 6, ch.5），因为要不是他自己的过错的话，他本可以聆听并领会上帝的教会，正如哥尼流（Cornelius）的例子所表明的那样（《使徒行传》10）。

在教皇教令（Quodlibeta, qu. 4）中，教皇阿德里安（Adrian）确切地论述了这一理论，他说："在神法的事务方面存在两种情况。在一种情况下，有一些是关于上帝并不要求每一个人都普遍知晓的知识，例如神法中一些极其微妙的问题，以及神法上的一些难题，还有《圣经》和'十诫'中的一些棘手难题。在这些事务上是容许人们存在可宽恕的无知的，只要人们已经尽心尽力地行事了。而在另一方面，还有一些是上帝要求每个人都必须普遍地知晓的知识，例如信仰信条和律法的普遍诫命。正如博士们所断言的那样，对于这些事情，无知事实上是不可原谅的。因为如果人们尽心尽力地行事，他就会或者通过内在的博士或者外在的博士获得启示。"

此外，上述我们的结论也是完全符合圣·托马斯的观点。他的论证如下：无论人们在其他方面是如何的罪恶深重，对信仰的无知

① 此句为剑桥译本所缺。——中译注

② *De Sacramentis Christianae fidei.* ——英译注

本身是可宽恕的无知。因此,此类的无知并非罪恶。从经文上也可以找到明确的证据:“未曾听见他,怎能信他呢?没有传道的,怎能听见呢。”(《罗马书》10)因此,如果信仰没有被传布给人们,人们的无知就是可以原谅的,因为他们不可能知晓这些信仰。并且保罗谴责那些不信教者,并不是谴责他们不尽心尽力行事以从上帝那儿获得启示,而是谴责他们在听闻了布道之后,仍然不信。他说:“人没有听见吗?诚然听见了。他们的声音传遍天下,他们的言语传到地极。”(《罗马书》10)这就是他谴责人们的原因,其前提是福音已经在整个世界上被传布了。除此之外,他并没有因此谴责人们,无论人们犯下过其他什么罪行。

这表明在涉及无知这件事情上,阿德里安在另一个方面也犯了错。在涉及道德问题时,在其著作的同一页中,他写道,如果人们已经尽心尽力地知晓了他理应知晓的一切,这并不能成为宽恕其无知的一个理由,除非通过悔悟自己的过错,使自己随时准备好接受上帝的启示。那么假设有一个人对某些事情的处理存在疑虑,并向有学问的人求解,而且还以各种办法尽力找出真理,并且认为某种做法是合法的。但是,如果这种做法并不是合法,而他又照此做了,那么如果他在别的方面是有罪的,他的无知是得不到原谅的,因为他没能尽其所能地克服无知。并且正如公认的那样,除非人们有资格获得恩典,否则他就无法接受到启示,因此只要他不能根除阻碍他获得恩典的障碍即他的罪,他就不能得到宽恕。因此,如果彼得和约翰都在某种情况下对某些事务心存疑虑,并且花费了同等的精力去求解,而且二人都认为某种做法是合法的。不过,彼得受到恩典,而约翰是有罪的,因此彼得的无知就是不可克服的,而约翰的是可以克服的。并且,如果他们都完成了这件事,那么彼得就是值得原谅的,而约翰就是不可原谅的。我认为,阿德里安在此犯下了一个错误，这点我在评注《神学大全》（*Prima Secundae*）论述无知这一主题时曾经详细地论述过。因为，要说神法中没有任何领域是一个不信教者或者任何一个有罪的人不可能不知晓的，这种说法显然是不合常理的。更不用说，在上述彼得的事例中，彼得是受到恩典的，并且他对于高利贷和出售圣职的某些方面的无知是无法避免的，因此仅仅由于自己陷入道德罪行中，他的无知就变得不可原谅的。这显然也是极其荒谬的。

九、因此，在这点上我认为要把无知（即便是可以克服的无知）认定为是一项罪行，其不可或缺的前提是在相关事情上的过失（negligence），例如人们拒绝倾听或者不愿意相信他所听到的；在另一方面，对于不可克服的无知，我认为只要人们倾尽了心力去了解与学习就足够了，哪怕在其他方面他犯有道德上的罪愆。因此，在这点上，不论对于有罪的人还是对于受到恩典的人，不论对于仅仅是在基督降临之后的人还是对于基督受难之后的人，我的判断都是一视同仁的。阿德里安也不否认，在我主受难之后，在印度或者西班牙的犹太人对于基督受难的无知是可以宽恕的，不论他们在道德上犯有多大的罪孽。更不用说，在他的著作（first quaestio, fourth point）[①]论述遵守律法诫命（de observantia legalium）这一主题时，他自己也曾经明确地承认这点。并且，毫无疑问的是，离开犹太（Judaea）的犹太人无论他们是否犯有罪孽，他们都不可能知晓洗礼以及基督的信仰。正如在当时这是可宽恕的无知一样，它们如今对于那些不得接受洗礼的人来说也是可以宽恕的。但是，那些博士们会犯的错误是，认为我们可以从在洗礼或基督信仰之类事务上的不可克服的无知

① 剑桥本此处具体出处为教皇阿德里安评注《嘉言录》IV. 1.1 ad 4 的著作。——中译注

中能够立马推导出,人们不需要洗礼或者基督信仰仍然能够获得救赎。事实上,情况并不是这样的。因为这些印第安土著民们从未听闻过任何关于基督信仰的事情,人们可以谴责他们犯有道德上的罪恶或者偶像崇拜,但是不能谴责他们犯下了不信教的罪。这点正如圣·托马斯所言(Secunda Secundae),如果他们尽心竭力地行事,并且过着一种依照自然法的美好生活,这也是符合上帝的天启的,并且上帝会启示给他们基督之名。但是,并不能因此推论说,如果他们的生活是邪恶的,那么对洗礼的无知或者不信基督信仰就可以被归咎为罪。

十、第二,如果基督信仰只是被径直地传布给印第安人,印第安人也没有义务信仰它,并且,这也不会导致他们犯下道德上的罪恶。人们仅仅向印第安人宣布、告知基督信仰是真正的宗教,基督是世界的救世主,而没有展示任何神迹或者其他任何有说服力的证据,印第安人的不信也并不是罪。这个观点可以从前一个观点中得到证明;

因为如果在听闻任何基督宗教的事情之前,他们是可以得到原谅的,仅仅是简单的传布和宣告并不能使他们承担新的义务,因为此类的宣告并不能证明信仰,也不能激励人们去信仰。更不用说,正如卡杰坦所说的那样(on *Secunda Secundae*, qu. 1, art. 4),任何人除非他获知某事是某个值得信赖的人所主张的,否则他就不能鲁莽轻率地相信某些事情,在事关救赎方面的事情尤其如此。而印第安土著民并不知道谁才是值得信赖的,因为他们不知道谁才是在向他们宣告真正的宗教,他们也不知道何种方式才是宣告真正宗教的方式。同时,圣·托马斯的观点(Secunda Secundae, qu. 1, art. 4, on obj. 2, and art. 5, on obj. 1)也支持这个看法。托马斯认为,信仰之事可以通过可靠的理性而变得可见,变得显明。因为人们不会相信某些事情,除非他看到有许多证据证明或者其他诸如此类的原因证明这些事情是值得信仰的。因此,在缺乏这些证据或者缺乏任何有说服力的劝说的情况下,印第安土著民没有义务要信仰基督。如果萨拉森人同时也像基督徒一样缺乏任何证据地将他们的信仰赤裸裸地摆在印第安人面前,印第安人也没有义务去信仰萨拉森人的宗教。这是毋庸置疑的。因此,当缺乏任何动人的、有说服力的证据将基督宗教传布给他们时,印第安人就没有义务信仰基督宗教,因为他们既没有能力也没有义务去猜测两种宗教中,哪一种才是真正的宗教,除非有一方的证明力能明显地更有力量。因为正如《德训篇》19(*Ecclesiasticus*, ch. 19)所言,草率地轻信他人是心智浅薄的表现之一。《约翰福音》中的经文也更加证实了这点,经文上说:"我若没有在他们中间行过别人未曾行的事,他们就没有罪。"(《约翰福音》15)因此,只要没有证据,就不能引导人们去信仰,也就不会有罪恶。

十一、从这点可以推论出,如果信仰仅仅只是以上述简单、草率的形式被传布给印第安人,而他们又没有接受它,西班牙人就不能利用这个理由来对印第安人进行开战,或者按照战争法对印第安人采取任何行动。这点是显而易见的,因为在这方面印第安人是无辜的,并且他们也没有伤害西班牙人。同时,这一推论也得到圣·托马斯的确证。圣·托马斯(SecundaSecundae, qu. 40, art. 1)确立了一条正义战争的准则:"(正义战争)必须有正当的理由,即遭受攻击者之所以遭受攻击是由于其犯下的某些过错。"① 因此,圣·奥古斯丁也说:"在正义战争的定义中,必须要包含正在被昭雪的冤屈,某个民族或者国家由于忽略了要求它的公民为自己做出的不义行为而

---

① 原文为:"here must be a just cause, namely, they who are attacked for some fault must deserve the attack." ——中译注

做出赔偿,或者没能使被不义地夺走的东西物归原主而受到惩罚。”那么,既然印第安土著民先前没有做出任何不义的行为,也就没有进行正义战争的理由。这是所有博学之士都一致认同的观点,不仅是那些神学家们,还包括法学家们,诸如霍斯腾西斯、英诺森和其他人。卡杰坦明白无误地表达过这个观点,而且就我所知,没有一位博士的观点是与之相左的。因此,这并不是人们夺取印第安土著民土地、剥夺他们财产的正当理由。

十二、第三,如果人们已经要求并劝诫印第安人倾听和平的宗教布道,而印第安人拒绝,他们将不可原谅地犯下道德罪行。这项观点的证据在于,由于他们缺乏可靠或者有说服力的理由,他们就犯下严重的错误。① 因此,如果有人劝诫他们去倾听宗教布道并对之进行沉思,他们至少应当倾听并进行考虑。此外,对于他们的救赎而言,信仰基督和洗礼是必不可少的。正如《马可福音》说:“信而受洗的,必然得救。”(《马可福音》16)等等。但是,除非他们倾听,他们绝不可能信仰。(《罗马书》10)因此,印第安人必须倾听布道,否则,如果他们没有义务倾听布道,他们就会毫无过错地被排除在救赎的范围之外。

十三、第四,如果基督教信仰是得到充分证明,那么印第安土著民就必须接受基督信仰,否则将由于他们道德上的罪行而受到惩罚。充分的证明包括以下条件,也即信仰在得到有说服力、合理的理由支持的情况下被传布给印第安人,并且与之相伴的是正直的人生、根据自然法进行的生活(这一点对于信仰真理十分重要),并且信仰的传布不是一蹴而就,不是敷衍了事,而是要被勤勉、热忱地传

---

① 此句剑桥本译文更加清晰明了:“证据在于,如果他们自己的信仰如我们所设想的那样严重地犯错了,对此,他们就缺乏任何可靠或者有说服力的理由了。”——中译注

布。我们上述第三点能证明这一观点。因为，如果他们必须倾听布道，那么如果布道是合理的，那么结果就是必须接受他们所听到的信仰。这种观点能够得到经文充分的证明。“你们往普天下去，传福音给万民听；信而受洗的，必然得救；不信的，必被定罪。”（《马可福音》16）“因为在天下人间，没有赐下别的名，我们可以靠着得救。”（《使徒行传》4）

十四、第五，迄今为止人们是否已经以上文所述的这种方式将基督教信仰传布给印第安土著民，对他们循循善诱，以至于印第安土著民必须信仰基督教信仰，否则就将犯下罪行。在我看来，这点还是完全不能确定的。我谈到这点是因为，正如我在第二点中谈到的那样，除非信仰被以有说服力的方式传布给印第安人，印第安人就没有义务必须信仰它。而现在，我既未曾听说过任何神迹、征兆，也未曾耳闻过虔诚的宗教生活；相反，我倒是听说了许多丑闻、残酷的罪行以及不虔诚的行为。因此，基督教信仰看起来似乎并没有被以充分恰当的方式，没有被充满虔诚地传布给印第安人，所以，印第安人并没有义务要接受它。尽管有许多虔诚的教士和宗教人士似乎过着虔诚的生活，并且不畏艰辛困苦、勤勤勉勉地传布信仰，足以成为人们的楷模。要是没有其他一些在传布信仰过程中居心叵测的人的阻扰，他们的行为足以引导印第安人信仰基督教。

十五、第六，尽管基督教信仰可能已经被以有充分说服力的方式传布给印第安人了，而他们也拒绝接受基督教信仰，然而，这并不是能够合法地对他们开战并剥夺他们财产权的理由。圣·托马斯的观点（*Secunda Secundae*, qu. 10, art. 8）确切地支持了我们的这个观点。他认为，那些从未接受信仰的不信教者，例如异教徒（Gentiles）和犹太人绝不能被强迫接受信仰。这是博士们普遍接受的看法，不论是教会法的博士还是市民法的博士。这个观点的证据在于信仰是一件有关意志的事情。由于恐惧会极大地减损意志的力量(《伦理学》第三卷)[1],因此,要依赖卑屈的恐惧来达到基督的神秘与圣礼,这实在是一件亵渎神明的事情。我们的观点同样也得到教会经典《论犹太人》(*de Judaeis*)(can. 5, *Dist.* 45)的证明,它说:"神圣的大公会议在论及犹太人时也同样禁止人们使用武力迫使犹太人信仰基督教,因为'上帝怜悯他所属意的,冷酷那些他所意愿的。'"[2] 托莱多大公会议的结论是,人们不得使用威胁与恐惧的手段来胁迫犹太人,迫使他们接受基督信仰。关于这点,人们是没有什么质疑的。而且,在教会经典《论真诚》(*qui sincera*)(can. 3, Dist. 45)中,格里高利也明确地表达了同样的观点。他说:"人们带着诚挚的目的,希望将完美的信仰带给那些基督宗教之外的人们,那么他们就应当勤勉布道以吸引人们皈依,而不应当用卑屈的手段迫使人们,……因为那些使用不当手段,依赖卑鄙手段迫使人们脱离他们原先的信仰与崇拜仪式的人,他们显然只不过是在实现他们自己的目的,而不是上帝的目的。"

此外,我们的观点还得到教会的习惯与惯例的支持。因为,从来没有任何基督教皇帝,在最神圣、智慧的教皇的指导下,曾经因为不信教者拒绝接受基督教信仰就对他们开战的。再者,战争绝非论证基督教信仰真实性的手段。因此,人们绝不能使用战争的手段迫使印第安人信仰基督教,只能使他们假装信仰并接受基督教,而这是荒谬的,也是亵渎神明的。尽管司各特认为,君主通过威胁与恐惧的方法强迫不信教者接受信仰这种行为也是虔诚的行为(*Bk.* 4, dist. 4, last qu.)。然而他的意思似乎是,这些方式仅仅适用于那些在

---

① 剑桥译本为:"恐惧会极大地建顺意志的自由。"——中译注

② *Romans*, ch. 9, v. 18.——英译注

别的方面是该基督君主之臣民的不信教者(关于这点,我们稍后会讨论到)。然而,印第安人并不是任何君主的臣民。因此,我认为,司各特也不会将他的观点适用于印第安人的情形。那么,我们当前讨论的这项理由并非夺取印第安土著民土地的充足、合法理由。这点是明确无疑的了。

人们会严肃地提出另外一项也即第五项理由,即这些印第安土著民所犯下的罪孽。因为,即便承认印第安人的不信教行为或者他们拒绝接受基督教的行为并非对他们开战的适当理由。然而,他们还犯下了其他种的道德罪孽,(据说)这些罪行为数众多,并且是极其令人憎恶的。这里必须对道德罪孽进行分类,人们认为,有一些道德罪孽,它们本身并不违反自然法,但是却违反了神法,因此,对于这些道德罪孽,人们不能用战争来攻击这些印第安土著民。然而,还有另外一些道德罪孽,它们是违反了自然法的,例如食人、与母亲或姐妹的乱伦行为,或者同男子进行的鸡奸行为。对于这些罪行,人们可以用战争来攻击印第安人,迫使他们放弃这些行为。这些情形中的原则是,在违反实证法的那些罪行中,人们不能清楚地向印第安人表明,他们正在行不义;而在违反了自然法的那些罪行中,人们可以向印第安人证明,他们正在冒犯上帝,因此人们也可以阻止他们继续冒犯上帝。此外,人们可以强迫印第安人遵守他们自己必须遵守的法律。这种法律就是自然法。由此可证。这也是佛罗伦萨枢机主教的观点(pt. 3, tit. 22, ch. 5, § 8)[①],而他追随的是奥古斯丁努斯·安科尼坦乌斯(Augustinus Anconitanus)[②]和西尔维斯特的观

---

① 依照剑桥本,此处即为佛罗伦萨的圣·安东尼诺(St Antonino of Florence),所涉及作品为对阿奎那《神学大全》III. 22. 5. § 8 进行的评注。——中译注

② 涉及著作为《论教会权力》(*De potestate ecclesiastica* I. 23. 4)。——中译注

点(under the word Papa, §7)[①]。同时,这也是英诺森的观点(X, 3, 34, 8)[②],他明确地说:"我认为,如果异教徒除了自然法之外没有其他法律了,而他们又违反了自然法,那么教皇就可以惩罚他们。索多姆(Sodom)的例子证明了这个观点。索多姆的人民遭到了上帝的惩罚(《创世纪》19)。因此,上帝的判决也是我们应当效仿的榜样,而且我也没有发现为什么教皇作为基督的代牧不能这样做。"英诺森如是说。因此,按照这同样的原则,基督君主可以依据教皇的权威惩罚印第安人。

十六、然而,我提出如下主张:

即便依据教皇的权威,基督君主也不能约束印第安人,阻止他们犯下违反自然法的罪行,或者由于这些罪行而惩罚他们。我的第一项证明是,当前谈及的这些作家的观点建立在一个错误的假设之上,即教皇对印第安土著拥有司法权(正如上文所述)。我的第二项证明如下:他们试图证明此类的强制行为可以被普遍地强加到有违自然法的罪行,例如盗窃、私通、通奸,或者那些尤其有违自然法的罪行,例如圣·托马斯所论及的那些罪行(Secunda Secundae, qu. 154, arts. 11, 12):"有违自然的罪行"。这个词被用于那些不仅违反了自然法的行为,而且违反了自然秩序的行为,它们被《哥林多后书》12称为不洁的行为。根据评注者们的意见,此类不洁的行为包括同儿童发生关系、同野兽的兽交行为以及女女之间的同性行为(《罗马书》1)。因此,如果他们将有违自然法的"罪行"只限于第二种含义,他们就会遭到人们的质疑:谋杀是和"罪行"一样严重的行为,甚至是更加严重的罪行,因此,显而易见,如果在诸如此类的"罪行"的情

---

① 涉及著作为 *Summa Sylvestrina*, s.v. papa §7。——中译注

② 涉及著作为英诺森对教皇教令 *Quod super his* 进行的评注(X, 3, 34, 8)。——中译注

况下,强制是合法的,那么在谋杀的情况下,它也是合法的。同样地,亵渎行为是一项严重的罪行,因此人们同样也可以合法地惩罚亵渎行为。由此可证。然而,如果应当在第一种含义上理解他们的意思,也即他们指的是所有违反了自然法的罪行,那么他们也会遭到反对:惩罚私通行为是不合法的,因此,对于那些有违自然法的其他罪行都是不合法的。从《哥林多前书》中可以清楚地得出前件:"我先前写信给你们说:不可与淫乱的人相交。"此外,"若有称为弟兄是行淫乱的,……或拜偶像的,……不可与他相交。"之后,又写道:"因为审判教外的人与我何干?"(《哥林多前书》5:9-13)对此,圣·托马斯说:"教士们只对那些皈依信仰的人才拥有权力。"因此,圣保罗宣称,对那些不信教者、私通者、偶像崇拜者宣布判决不是他的使命。这点是显而易见的。因此,并不是每一种违反了自然法的罪行都是能够得到明确证明与界定的罪行,至少不是对于每个人来说都如此。

此外,这无异于说这些印第安土著民可以由于他们不信教的行为而被战争征服,因为他们全都是偶像崇拜者。再者,教皇不能以基督徒是私通者、盗贼或者因为他们是索多姆人而对基督徒发动战争;同样,他也不能以此为理由没收基督徒的土地,或者将其给予别的君主。如果是那样的话,所有王国每天都将面临着领土变化,因为在每一个王国里都有许许多多的有罪之人。此外,如下的考虑也能加强这种观点,即这些罪行在基督徒身上要比在印第安人身上更加罪大恶极,因为基督徒对这些罪行都是了解的,而印第安人却对它们一无所知。此外,不能为不信教者制定法律的教皇居然能够审判并惩罚这些不信教者,这看来实在是咄咄怪事。

还有另外一个需要证明的问题。这些印第安人是否应当接受为他们犯下的罪行科处的惩罚。如果他们不应当接受,那么教皇就不能科处这些惩罚。而如果他们必须接受,那么他们就必须承认教皇为君主与立法者。因此,如果他们拒绝承认,这本身就成为对他们开战的良好理由(不过对于这点,正如上文所述,笔者是坚决否认的)。而印第安人可以不受惩罚地否定教皇的权威与治权,但他们却必须接受教皇科处的惩罚,这实在也是一件咄咄怪事。再者,任何非基督徒都不必服从教皇的判决,因为教皇除了作为基督的代牧之外,根本就没有任何权利谴责或处罚他们。但是,当前谈及的这些作者们(包括英诺森、奥古斯丁努斯·安科尼坦乌斯和西尔维斯特枢机主教)都承认,非基督徒不能被惩罚,因为他们没有接受基督信仰。因此,他们不能因为不接受教皇的判决就遭受惩罚;后者预设了前者。

无论是当前这一理由还是先前一项理由都同样不充足,这点甚至可以由《圣经·旧约》中的事实加以证明。在《圣经·旧约》中,有许多事情都是通过武力完成的,然而以色列民族从未由于人们是不信教者或偶像崇拜者或因为他们犯下了有违自然的其他罪行(当时有许多民族犯有此类的罪行,他们都是偶像崇拜者,并且犯下了其他许多有违自然的罪行,例如将自己的子女作为牺牲献给恶魔)而夺取他们的土地,而是由于要么它是上帝特别的恩赐或者由于他们的敌人阻扰他们前进的道路抑或曾经攻击过他们而夺取他们的土地。此外,这些作者们所谓的服从自然法究竟是什么意思呢?如果它仅仅指的是知识,那么印第安人对此根本一无所知;如果它指的是愿意服从自然法,那么可以反驳的是,印第安人同样愿意遵从全部的神法;因为如果他们知道基督的律法是神圣的,他们就会愿意遵守它。因此,他们会像遵从自然法一样很好地遵守基督的律法。再者,比起证明私通是错误的或者自然法所禁止的其他行为都是应当避免的来说,要证明基督的律法是来自上帝的并且是真实的,显然要容易得多，对此，我们当然拥有更多确切的证据。①

因此，如果人们可以强迫印第安人遵守自然法(因为自然法是有证据可以证明的)，那么因此，人们也可以强迫他们遵守福音律法。② 人们还会提出另一项即第六项理由，即自愿的选择。因为，在西班牙人到来之际，我们发现他们向印第安土著民宣布，西班牙国王是为了印第安人的利益才派他们到美洲的，并且劝诫他们接受西班牙国王为君主和国王；而印第安土著民回答说，他们同意这么做。因此，"财产的主人将自己的财产转让给他人的意愿能够使转让行为生效，这是世间最自然而然的事情了。"(《法学阶梯》2,1,40)然而，我的观点是，这项权利理由也是不充分的。首先是必须不存在恐惧与无知，因为它们会污染选择。然而，恐惧与无知显然在印第安人的考虑与抉择中发挥了相当重要的作用，因为印第安人并不清楚他们自己正在做什么；更不用说，他们也可能根本不理解西班牙人想要达到什么目的。此外，我们发现西班牙人用全副武装的军队对付手无寸铁的柔弱百姓来实现自己的目的的。再者，正如上文所言，就印第安土著民而论，他们拥有真正的主人和君主，因此，印第安民众就不能在缺乏其他合理理由的情况下拥护新的主人，这对于他们之前的主人与君主而言是一种伤害。另一方面，印第安人的君主也不能在未取得民众同意的情况下随意任命新的君主。那么，既然在印第安人所面临的这种选择与接受的情况中，所有对于一项有效的选择必不可少的条件全都欠缺，那么我们所探讨的这项权利理由完全不能成为夺取并拥有印第安人领土的正当、合法理由。

人们还会提出第七项权利理由，即通过上帝的特别恩赐。因为

---

① 否则就将遭到责难(Otherwise to be blamed)。——英译注

② 剑桥译本此处还有一句："然而，这显然是不合逻辑的推论。"并且之后，开启新的一个段落。——中译注

有些人(我不知道是哪些人)断言,由于印第安人令人厌恶的行为,上帝在他做出的特别的判决中谴责了所有这些印第安人,将他们打入了地狱,并将他们全部都交到西班牙人手中,就像在《圣经·旧约》中他曾经将迦南地交到犹太人手中一样。我不想在此对这个问题详细争辩,因为要信任一个做出了有违普通的法律,有违《圣经》律法的预言的人是极其危险的一件事情,除非有奇迹能证明他的论点是正确的。因此,从此类的预言中我们什么也推导不出。此外,即便承认上帝已经决定将印第安人打入地狱,这也并不必然意味着毁灭他们的那些人是无罪的。这点正如巴比伦国王并非无罪的一样。他曾经率领军队攻陷了耶路撒冷,并将以色列人的子女掳掠为奴,尽管事实上,巴比伦国王的所有这些行为都是上帝的独特旨意,正如他经常预言人们的那样。同样也不能说耶罗波安(Jeroboam)将以色列人从罗波安(Rehoboam)赶走是正当的,尽管这也是上帝的意旨,正如上帝同样也曾在他的预言中威胁到的一样。并且,除了不信教这一罪恶之外,在某些基督徒中难道就没有更大的道德罪恶比在印第安人中?同时,经文上也写道:“一切的灵,你们不可都信,总要试验那些灵是出于神的不是。”(《约翰一书》4)并且,圣·托马斯也说:“天赋是圣灵为了完善德行而赋予的。”(Prima Secundae, qu. 68)因此,在信仰、权威或者天意表明应当做什么的情况下,人们是不应当诉诸于天赋的。

关于上述这些夺取印第安人土地的错误、不适当的理由,我们就谈论这么多。不过,我发现关于这个问题还没有任何著作,并且这个问题此前也未曾得到任何的讨论,或为此召开会议。这点是值得注意的。因此,有许多人也许可能会找到某一项理由,以上文论述过的某些依据作为征服印第安人、统治印第安人的理由。然而,除了上面所谈的这些内容之外,迄今我再也无法形成任何其他的观点了。并且,如果除了上面我讨论过的那些理由之外,再找不出别的理由,这对于我们君主的安全而言当然并非什么好兆头,或者更准确地说是对于那些负责处理了印第安人事务的人来说并非什么好兆头。因为君主只是遵从其他人给出的建议,他们并不能亲自检查这些事务。上帝说:"人若赚得全世界,却丧了自己,赔上自己,有什么益处呢?"(《马太福音》16,《马可福音》8,《路加福音》9)

第三节

第三节之概要

论合法的权利理由,借此西班牙可以统治美洲印第安土著民

一、西班牙人如何才能以友爱与伙伴之情(natural society and fellowship)统治印第安土著民。

二、西班牙人有权在印第安人的土地上旅行与逗留,只要他们不为害当地,因此,印第安人不得对此加以阻扰。

三、西班牙人能再印第安土著民中间进行贸易,只要他们不危害他们自己的国家。他们可以出口印第安人缺少的货物,带走印第安人十分充足的金银和其他物品。印第安人的君主不得阻扰他们的臣民同西班牙人进行贸易。等等。

四、印第安人不得阻扰西班牙人同当地人的交往以及对当地事务的参与,只要这些事务被当视为既对当地人也对外邦人都开放的事务。

五、西班牙人所生的孩子定居在印第安人的地区,并且期望成为当地的公民,印第安人不得拒绝给予他们公民权,也不得拒绝给予他们其他公民所享有的优厚待遇。

六、如果印第安土著民试图阻止西班牙人在当地进行贸易,该

采取何种措施。

七、如果西班牙人在采取了一切审慎得体的举措之后,除非攻陷印第安人的城市,把他们变成臣民这个办法之外,就不能在印第安土著民中保证安全,那么西班牙人是否能够合法地这么做呢?

八、何时以及在何种情况下,西班牙人能够对印第安人采取严厉的措施,把他们当做毫无信仰的敌人,对他们动用战争的所有权利,夺走他们的财产,甚至把他们掳掠为奴,对了,还有推翻他们先前的君主拥立新的君主。

九、出于传播基督教信仰的利益,西班牙人能否统治印第安人。基督徒有权在印第安人的土地上传布福音。

十、教皇可以将归化印第安土著民的使命单独地授予给西班牙人,并且不仅能够禁止所有其他人在当地传到,并且也可以禁止其他人在当地进行贸易,只要基督教信仰的传布能够因此而取得极大的进展。

十一、如果印第安人并不阻扰西班牙人在当地自由地传布福音,人们就不得通过战争将他们征服,也不能夺取他们的财产,这点无论他们是否接受基督信仰都是如此。

十二、西班牙人应当对那些阻扰传播福音的印第安土著民(无论是民众还是他们的酋长)采取哪些强制措施,而不至于产生丑闻。对那些虽然承认传播福音的权利,但却印第安人皈依基督教的人该采取哪些措施,他们或者杀害、或者惩罚或者恐吓那些已经皈依基督教的印第安人。

十三、当印第安人已经改宗变成基督徒,而他们的酋长君主则希望通过武力或者恐怖迫使他们回到偶像崇拜的状态,因此,他们就受到西班牙人的保护与监护。通过这种方式,西班牙人可以合法地统治印第安人。

十四、在大部分印第安人都改宗基督教后，教皇无论是否得到他们的要求，都可以以合理的理由授予他们一位基督教君主，例如西班牙国王，并驱逐他们的异教酋长。通过这种方式，西班牙人也可以合法地统治印第安人。

十五、西班牙人是否能够由于印第安人君主残暴的统治或者由于印第安君主残暴的法律戕害平民而对印第安人取得合法的统治权。

十六、印第安土著民可以通过真实、自愿的选择而接受西班牙人的合法统治。

十七、印第安土著民可以通过联盟与友谊的权利而接受西班牙人的合法统治。

十八、西班牙人是否能够由于印第安人显而易见的理智缺陷而征服印第安人，统治他们。

下面我要谈谈通过哪些合法、正当的权利理由，西班牙人能够合法地统治印第安人。

一、第一项此类的**权利理由**是自然的友爱与伙伴之情（natural society and fellowship）。对此，我的第一个观点是：

二、西班牙人有权在印第安人的土地上旅行与逗留，只要他们不危害当地民众，而当地民众也不会阻止他们。对此的第一项证明来自万民法（jus gentium），而万民法要么就是自然法，要么就是源自自然法："自然理性在众民中所确立的就被称为万民法。"[①]（《法学阶梯》1,2,1）天下人无不都认为毫无理由地就粗暴地对待来访的客

① 原文为："What natural reason has established among all nations is called the jus gentium"。——中译注

人与外邦人是不人道的，而相反，热情款待远方来客才是人道之举。不过，如果外邦人在造访异国他乡时有不当举止，情况则另当别论。

第二，从创世之初，万物都是共有之时起，任何人都被允许前往任何他想去的地方旅行。如今，虽然有了财产的区分，但是它并不能夺走这项权利，因为人们发明财产权的目的并不是想要摧毁人类之间普遍存在的互利互惠以及共同的分享（common user）。并且确实，在诺亚的时代，要是这样做则会被视为极不人道的行为。

第三，天下之物，只要不是被禁止的，或者会以某种方式损害、伤害他人的，就都是合法的。而我们认为，西班牙人的旅行并不会损害或伤害当地人。因此它是合法的。

第四，法国人阻止西班牙人在法国旅行，或者甚至阻止他们在法国生活，这都是不合法的。反之亦然。只要他们的旅行与生活不会伤害当地人，而旅行者也不会受到伤害。因此印第安人阻扰西班牙人的行为也是不合法的。

第五，驱逐是刑事惩罚的一种。因此，驱逐没有犯罪的外邦人就是不合法的。

第六，将某些人当做敌人拒绝在城外或者领土之外，或者如果他们已经在城内或者领土之内再将他们驱逐，这些都是战争的行为。因此，就印第安人并没有任何对西班牙人发动正义战争的理由而言（假设西班牙人没有对他们造成伤害），印第安人将西班牙人拒绝在他们的领土之外是不合法的。

第七，诗有言：

究竟是何种人，何等残暴、不人道的人类，
究竟是何种法律，何等野蛮粗暴的习俗，
才会将荒芜的海滩对这行将溺毙之人关闭，

将我们再次驱赶下凶残的大海！①

第八，经文云："所有动物都珍爱其同类。"(《德训篇》15)。因此，人与人之间的友谊看来是符合自然法的，而逃避与无害之人的友爱之情看来是有违自然的。

第九，经文云："我作客旅，你们不留我住。"(《马太福音》25)因此，正如热情招待客人是自然法所要求的行为一样，基督的断言也应得到普遍的适用。

第十，"按照自然法，流动的水以及大海是所有人类共有的，同样所有河流与港口也应如此。而按照万民法，来自各地的船只都能够在各个港口靠岸。"(《法学阶梯》2,1)并且依照同样的原则，它们都是共有的事物。因此，将任何人排除在外都是不合法的。因此，如果印第安人将西班牙人拒绝在领土之外，他们就对西班牙人犯下了不义之举。

第十一，这些印第安人欢迎来自其他各个地方的蛮人。因此，如果他们不欢迎西班牙人，他们也就犯下了不义之举。

第十二，如果说西班牙人在印第安人中间旅行是不合法的，那么其依据要么来自自然法，要么来自神法，要么来自人法。现在，可以确定的是，按照自然法和神法，西班牙人的旅行都是合法的。而如果存在任何人法，毫无理由地废除了自然法和神法授予的权利，那么这样的人法就是不人道、不合理的，因此也就根本没有法律效力。

第十三，要么西班牙人时印第安人的臣民，要么他们不是。如

---

① 此诗引自维吉尔《埃涅阿斯纪》卷一 539-40。原文为拉丁文："Quod genus hoc hominum? quaeve hunc tam barbara morem Permittit patria? hospitio prohibemur arenae"。此处译文根据剑桥本英译文译出。——中译注

果他们不是,那么印第安人就不得拒绝他们。如果他们是,那么印第安人更应该友善地对待他们。

第十四,正如福音书中撒玛利亚人的寓言所表明的那样(《路加福音》10),西班牙人是印第安土著民的邻舍。因此,印第安人应当像爱他们自己一样爱他们的邻舍。(《马太福音》22)由此,印第安人不得毫无理由地将西班牙人拒绝在自己国家之外。正如圣·奥古斯丁所言:“我主有言:‘当爱你的邻人’,而每个人明显都是我们的邻人。”(St. Augustine's De doctrina Christiana)

三、第二项主张:西班牙人可以合法地在印第安土著民中间进行贸易,只要他们不伤害他们自己的国家。例如,他们可以将土著民缺少的货物出口到印第安人的国家,并从那儿进口土著民富有的金银以及其他物品。印第安土著民的君主酋长不得阻扰其臣民同西班牙人进行贸易;同时另一方面,西班牙人的君主也不得阻扰西班牙人同印第安土著民进行贸易。我将通过以下论述证明这一主张:

第一,外邦人可以进行贸易,只要他们不伤害市民,这是万民法中最显见的法则。

第二,同样的证据也体现在神法中,这种行为是神法所允许的。因此,限制进行贸易的法律无疑就是不合理的。

第三,按照自然法,印第安人的君主酋长也应当爱西班牙人。因此,印第安人不得毫无理由地阻止西班牙人获取利益,只要这种行为不会对印第安人造成伤害。

第四,此类的行为是有违古老的箴言:“己所不欲勿施于人。”

总之,印第安土著民不得拒绝西班牙人在其土地上进行贸易,正如基督徒不得拒绝其他基督徒进行贸易一样。这点是确切无疑的。因此,如果西班牙人禁止法国人同西班牙人进行贸易,而这并不是为了西班牙的利益，而是为了阻止法国人获得某些利益，那么这种行为显然就是有违正义与仁慈之心的。而如果并不存在任何会导致此结果的，不正当、不合法的法律，那么人们也不应当在现实中采取此类的实际行动（因为法律的不正义只有在法律执行之后才会显现）。并且，正如《学说汇撰》所言："自然已经在所有人之间建立起了联系的纽带。"（*Dig.*, 1, 1, 3）因此，任何人想要切断同另外一个人的联系，而又缺乏很好的理由，那么这样做就是有违自然法的。奥维德说："人与人之间并非像人与狼一样，而是具有伙伴之情。"①

四、第三项主张：如果在印第安人中间，有些事情是被当做可以同时向公民与外邦人开放的，那么印第安人就不能阻止西班牙人的交往与参与这些事情。例如，如果其他外邦人都被允许在印第安人的土地上或河流中挖掘金子，或者在海中或河里采集珍珠，那么印第安土著民就不能阻止西班牙人做这些事情。西班牙人和其他人一样有权做这些事情，只要它们不会对公民和当地居民造成伤害。之前第一项理由和第二项理由已经证明了这个观点。因为，如果西班牙人可以在印第安人中间旅行和贸易，那么他们因此也可以利用所有其他外邦人都享有的法律与利益。

第二，正如根据万民法无主物由最早发现占有它的人取得（《法学阶梯》2,1,12）一样，由此可以推导出，如果在地里藏有黄金或者海里、河流中藏有珍珠，或者其他任何东西只要它不被排除在万民法的适用范围之外，它们就应当成为最早发现占有它的人，正如海里的鱼一样。并且，确实也有许多事物，是必须依据万民法来裁断的。而万民法能够从自然法中获得充分的支持，因而显然能够授予权利

---

① 原文为："Man is not a wolf to his fellow man, but a man"。据剑桥本注释，这一箴言 *homo homini lupus* 并没有出现在奥维德的诗歌中，而是出现在 *Tristia* 卷八。——中译注

并创设义务。甚至,即使我们承认它无法从自然法中获得支持,然而世界上大部分地区的人们显然也还会存在明显的一致意见,尤其是在涉及所有人的公共利益方面。因为,在创世之后不久或者大洪水退去之后不久,大部分的人类都决定大使无论在何处都应当被视为是不可侵犯的。如果是这样,那么大海就应当是公共的,而战俘就应当成为奴隶;如果外邦人不应当被驱逐应当被视为一项有价值的原则,那么它当然就拥有法律的效力,即便有少部分人类反对它。

五、第四项主张:如果西班牙人在印第安人的土地上生育了子女,并且他们希望取得公民权,那么他们似乎就不应当被拒绝给予公民权,也不应当被拒绝给予其他公民所享有的各种利益。这里我所提到的情况是西班牙父母在当地拥有住所。这个观点能够获得万民法法则的支持。万民法中的法则规定:"在以国内出生的人应当成为并且也是该国的公民。"(Cod., 7, 62, 11)并且既然人是公民的动物(civil animal),出生在某个国家的人就不会是其他国家的公民。这一事实也能证明我们的观点。因此,如果他不是所出生国家的公民,他也就不会是任何其他国家的公民了,那么这不论对于他自然法之下的权利还是万民法之下的权利来说,都是不公平的。对了,如果有人想要在印第安人的国家中取得住所,他可以通过婚姻或者任何其他手段获得。如果其他外邦人通过这些手段都能顺利成为公民,西班牙人也不应当比其他外邦人受到更多的阻扰,只要他们也像其他人一样承担应当的负担。《圣经》中劝诫人们要热情待人的经文表达的也是同样的含义:"你们要互相款待。"(《彼得前书》4)"作监督的(bishops),……乐意接待远人。"(《提摩太前书》3)因此,反过来说,拒绝招待陌生人和外邦人本身就是错误的。

六、第五项主张:如果印第安土著民执意阻止西班牙人享有上述依据万民法而享有的各种权利,例如贸易或者上文提及的诸如此类的事情,那么西班牙人首先就应当利用理性和说服,去根除他们的偏见,并且应当千方百计地表明他们来到印第安人的土地并非是要伤害他们,而是想要作为友善的客人短暂逗留,或者进行旅行并不给印第安人造成伤害。西班牙人不仅应当通过言语,还应当通过理性表达他们的来意,正如有人说:“首先通过言辞来明辨是非无疑是最为审慎之举。”但是,如果在诉诸理性之后,印第安人仍然拒绝同意,并试图使用武力,西班牙人就可以进行自卫,并采取一切有助于他们自保的行动,因为用武力来反击武力理所当然是合法的。而且不仅如此,如果通过这些手段仍然无法确保安全,他们就可以建筑城堡以及一些防御性工事;如果他们遭受不正当的攻击,作为昭雪,他们就可以以他们君主的权威对印第安人发动战争,并且可以利用战争的其他权利。圣·托马斯的话可以作为证明我们这项观点的证据。正如上文所言,圣·托马斯认为,自卫反击与昭雪冤屈是战争的正当理由(Secunda Secundæ, qu. 40)。而当印第安人拒绝西班牙人依照万民法应当享有的权利时,他们就犯下了不义之举。因此,如果必要,为了保证他们的权利,西班牙人就可以发动战争,并且他们可以合法地发动战争。

然而,值得注意的是,印第安土著民在天性上是胆小怯弱的,而且在其他方面也是迟钝愚蠢的,无论西班牙人是多么渴望消除他们的恐惧,几次三番地向他们保证将和平地同他们进行交往,印第安人仍然继续害怕见到着装古怪、全副武装的人,害怕见到比他们强大得多的这些人。不过,印第安人的恐惧是值得原谅的。因此,如果受到这些恐惧的影响,印第安人团结一致驱逐西班牙人或者甚至杀害他们,那么西班牙人当然就可以职位,但是仅限于自我保存所允许的范围之内,并且西班牙人不得将战争的其他权利(例如,在获胜并保证安全之后,杀害印第安人或者剥夺他们的财产、攻陷他们的城市)加诸印第安人身上。因为按照我们的假设,印第安土著民是吴国的,他们感觉恐惧也是合理的。因此,西班牙人可以进行自卫,但是应当对印第安土著民造成尽量少的伤害,战争应当是纯粹防御性的。

确实认为战争对于双方而言都是正义战争这种看法并没有什么自相矛盾之处。因为,一方是出于权利,另一方则是出于可宽恕的无知。例如,正如法国人由于有理由的无知而占据着勃艮第,声明勃艮第是属于他们的,而我们的皇帝对勃艮第的权利是毫无疑问的,因此,他可以发动战争重新获得这个地区,正如法国人可以正当地守卫这一地区一样。同样的情形也适用于印第安人——这点是值得细心注意的。因为针对那些真正罪大恶极、无法无天的暴徒行使的战争权利是不同于针对无辜与无知者行使的战争权利的。这点正如针对法利赛人(Pharisees)发起的挑衅的方式与针对胆小畏缩者发起的挑衅的方式是不同的。

七、第六项主张:如果已经采取了一切其他手段,除非攻陷印第安人的城市,将他们征服降格为臣民,,西班牙人仍然无法从印第安土著民那儿获得安宁,那么西班牙人就可以合法地动用这些极端措施。圣•奥古斯丁的话证明了我们的观点。在写给卜尼法斯的信中,圣•奥古斯丁写道:“和平与安宁是战争的目的。”并且,正如前文所述,既然西班牙人能够合法地进行防御性战争或者甚至可以发动必要的进攻性战争,因此,有助于确保战争目的即和平与安宁的一切手段就都是合法的。

八、第七项主张:如果西班牙人无论在行为上还是在言语中都已经竭尽全力地表明,他们绝不会搅扰印第安土著的安宁与幸福,而印第安人仍然执意仇视,并且千方百计地毁灭西班牙人,那么西班牙人就可以对印第安人发动战争,只要他们不针对无辜的平民,而是针对切齿的仇敌，并且可以对他们行使全部的战争权利，剥夺他们的财产，将他们俘虏，推翻他们先前的君主酋长，拥立新的君主酋长。不过这些行为都必须控制在适当的限度内，必须视具体的情形以及印第安人对他们造成的伤害而定。我们这个观点可以从如下的事实中得到证明，即如果宣布战争史合法的，那么随后行使战争的权利也是合法的。并且一旦正义的战争爆发，人们就可以对基督徒合法地行事一切战争权利，而印第安土著民也不能仅仅因为他们是不信教者就应当获得更优越的地位。因此，同样也可以对印第安人行使那些权利。与此同时，在战争中被捕获的就应当成为征服者的财产，这也是万民法中一条普遍的法则。正如在《学说汇撰》以及《教令集》中所规定的那样（*Dig.*, 49, 15, 28 and 24, and in *Decretum*, pt. 1, dist. 1, can. 9）。而在《法学阶梯》（2,1,17）中则更加明确地表明："按照万民法，我们从敌人那儿夺取来的一切都将立刻变成我们自己的，甚至，我们可以将敌人掳掠为奴。"此外，（正如博士们在战争这一主题上所谈到的那样），正在进行一场正义战争的君主在法律上（ipso jure）就是他的敌人的法官，并且可以合法地惩罚他们，根据他们的罪行而谴责他们。事实上，按照万民法，大使是不可侵犯的，而西班牙人就是基督教民族的大使。从这点也可以证明上述所说的一切。因此，印第安土著民至少必须友善地倾听他们的言说，不应当驱逐他们。因此，这是西班牙人能够用以夺取印第安土著民领土和主权的**第一项权利理由**，只要西班牙人不适用诡计或欺诈的手段夺取印第安人的土地，只要他们不寻找毫无根据的战争理由。因为，如果印第安土著民允许西班牙人在他们中间和平地交往往来，那么西班牙人也不可能提出任何正当的理由，夺取印第安人的财产。这点就好比西班牙人无法找到更好的理由夺取基督徒的财产一样。

九、第二项权利理由是传播基督教。

对于这点，我提出我的第一项主张：基督徒有权利在印第安人的土地上传布、宣传福音。这项主张显然得到经文的支持："你们往普天下去，传福音给万民听。"等等[①]以及"神的道却不被捆绑。"(《提摩太后书》2)其次，前文所述的内容也能支持我们的这项主张。因为，如果西班牙人有权利在印第安人中间旅行和贸易，那么他们就可以将真理教导给那些愿意倾听的人们，尤其是比起那些仅仅关涉到人事教诲的事情来说，在事关救赎与幸福的事情上，他们更有权利这么做了。第三，因为不允许基督徒将福音的讯息带给印第安人，印第安土著民就将被排除在救赎范围之外。第四，因为和兄弟般的友爱(brotherly love)一样，兄弟般的教导(brotherly correction)是自然法所要求的。那么，既然印第安人不仅全部都是有罪的，而且还处在救赎范围之外，因此，这引起基督徒去指引与教导他们。更不用说，他们似乎也有责任这么做。第五也是最终的理由是，因为正如上文所述，他们是我们的邻人："我主命令人们当爱他的邻人。"(《德训篇》17)因此，基督徒应当去教导那些在最为至关重要的事物方面一无所知的人们。

十、第二项主张：尽管这是一项公共的、赋予给所有基督徒的使命，然而，教皇可以将其授予给西班牙人，并禁止其他从事这项使命。虽然教皇并非世俗君主，但是，当某些世俗权力有助于精神事务时，他也拥有相关的世俗权力。因此，正如教皇的使命就是应当特别关注福音在全世界的传播，他也能将这一使命单独地授予西班牙人，而不授予给其他人，如果西班牙君主能够更加有效地帮助福音在这些地区的传播。并且，教皇不仅能够禁止其他人在这些地区传播福音，他还能禁止他们在这里贸易，如果这种做法有助于基督

① St. Mark, ch. 16, v. 15.——英译注

教的传播的话。因为只要世俗事务有助于精神事务的实现,教皇都能干涉世俗事务。并且,如果在某种情况下精神事务能够获得最大的助益,那么必然地,它就是处在教皇的权威与权力范围之内。而看起来,这种情况(即教皇将在美洲传播基督教和贸易单独授权给西班牙人——中译注)是最有益于精神事务的,因为,如果从不同的地方有许多杂乱无章的基督教信条侵入印第安地区,它们就会相互阻扰,并发生争论;这就会打破平静安宁的状态,扰乱印第安土著内心的信念,破坏他们的皈依。此外,西班牙君主是第一个赞助并为远渡重洋的航行买单的人,而且之后他们也有幸发现了新大陆,因此这第一次的航行就可以禁止其他人置喙,而由西班牙人单独享有发现新大陆的果实。因为,正如为了在君主之间保证和平,也为了传播基督教,教皇可以将萨拉森人的土地在基督君主之间瓜分,并且禁止君主之间相互侵犯彼此的土地,因此,同样为了宗教的利益,教皇同样可以在某些地方任命君主,尤其在这些此前未曾有任何基督间君主涉足的地方。

十一、第三项主张:如果印第安土著民允许西班牙人自由、毫无阻拦地传播福音,那么无论他们是否接受基督教信仰,这都不能构成对他们发动战争、或以其他方式夺取他们土地的合法理由。这点我们在反驳第四项虚假的权利理由时已经证明过了。[①] 并且这点也是不证自明的,因为只要先前没有伤害就不可能有正义的战争(Secunda Secundae, qu. 40, art. 1)。

十二、第四项主张:如果印第安人(无论是君主酋长还是民众)阻扰西班牙人自由地传播福音,在首先通过说理以图消除他们的误会之后,西班牙人可以无视印第安人的反对继续传播福音,并献身

① In the immediately preceding section.——英译注

于使印第安人改宗,而且如果必要,他们甚至可以接受战争或者发动战争,直到西班牙人获得了传播福音所需的必要条件与安全。同样的观点可以适用于如下情况:即印第安人允许传播福音,但是他们阻扰人们的改宗,他们或者杀害或者惩罚那些已经皈依基督教的人,他们还通过威胁或恐吓的办法阻扰其他人的皈依。这点是显而易见的,因为,这样做印第安人就伤害了西班牙人(关于这点上文已述),并且会使西班牙人拥有进行正义战争的理由。第二个原因是,这样的阻扰行为是妨碍了印第安人本身的幸福,而印第安人的君主酋长本没有权力这么做的。因此,为了那些受到压迫,遭受屈辱的人们的利益,西班牙人可以开战,尤其是当这么至关重要的利益危在旦夕的时候更是如此。这项主张表明,如果没有其他方式可以完成宗教使命,它就能赋予西班牙人另一项正当权利,西班牙人可以夺取印第安人土地和领土,推翻过去的君主酋长,拥立新的君主,西班牙人可以行使所有的战争权利,只要它们是一切正义战争中都被许可的。只是在行使这些权利时,西班牙人应当审慎有度,不应当超过必要性要求的限度,应当止于合法权利所许可的范围之内,不得逾越适当的界限,应当带着为了印第安土著民的利益的目的,而不是为了他们自己的目的。

然而,人们应当仔细注意圣保罗所说的话:“凡事我都可行,但不都有益处。”(《哥林多前书》6)因此,上面所谈到的那些行动就像言辞本身一样都是绝对可以采取。然而,这些战争、屠杀、破坏丝毫不能有助于印第安人的皈依,反倒是会阻碍他们的改宗。因此,最重要的任务是不应当在传播福音的道路上设置障碍,而如果已经设置下了这样的障碍,这种传播福音的方式就必须被放弃,而寻找别的方法。我们所证明的只是合法的行动本身。我个人毫不怀疑西班牙人可以使用武力在印第安人的领土上继续他们的工作,但是,我担心，所采取的措施已经超过了人法和神法所允许的范围。那么，我们当前讨论的这项权利理由就是第二项权利理由，借此，西班牙人能够合法地统治印第安人。但是，对于上文所述的内容，我们必须慎重考虑，否则本身合法的事务在许多情况下也会变得不正当，因为正如亚里士多德(《伦理学》卷三)和狄奥尼修斯(*De divinis nominibus*, ch. 4)所说，善好源自一个完整的理由[①]，而邪恶却能从众多不同的缺陷中产生。[②]

十三、从前述一项权利理由中可以衍生出另一项权利理由即：如果任何已经皈依了基督教的印第安土著民屈从于印第安君主酋长的武力或恐吓，又重新回归到偶像崇拜，那么这将给予西班牙人正当的理由，使得他们在其他手段不凑效的情况下，可以合法地对印第安人开战，并用武力迫使他们停止此类的不当行为；并且，西班牙人能够对此类冥顽不灵的行为行使全部的战争权利，因此，就像在其他的正义战争中一样，时常推翻统治者。这可被总结为第三项正当的权利理由，它不仅以宗教为基础，同时以人类的友谊和联盟为基础，因为皈依了基督教的印第安土著民已经变成基督徒的朋友和盟友，我们承担着义务要"向众人行善，向信徒一家的人更当这样"(《加拉太书》6)。

十四、另一项可能的权利理由是：设想大部分的印第安人都皈依了基督教，并且不论这种情况合法地还是非法地(通过威胁、恐吓或其他不正当的手段)实现的，只要他们事实上已经成为基督徒了，

---

① The reference to Aristotle can not be traced with certainty; but the text follows Dionysius closely. He wrote, literally translated, "The good is from the one and complete (mia kai ol) cause but the bad from many and partial defects." ——英译注

② 原文为："goodness springs from the one complete cause, but badness from individual defects"。《尼各马可伦理学》廖申白译为："善是一，恶则是多。" ——中译注

那么教皇就有合理的理由为他们立一位基督君主(不论他们是否曾经要求这么做),并推翻他们其他的不信教的统治者。这项理由可以证明如下:这种做法对于保存基督教是便宜的,因为在不信教统治者之下的恐惧会令改宗者脱教,即抛弃信仰,或者他们的统治者会抓住机会胁迫他们,因此,为了信仰的利益,教皇可以改换统治者。而且博士们的观点也进一步证实我的看法。正如博士们所断言,教会可以解放属于不信教者所有的基督教徒奴隶,即便这些基督教徒奴隶在其他方面是不信教所有者的合法奴隶。圣·托马斯也曾明确地表达过这种观点(Secunda Secundae, qu. 10. art. 10)。在上文提及的X, 3, 34, 8[①]中,英诺森也明确地表达过这个观点。因此,人们就可以解放更多的此类的基督教徒,他们受到约束,但又并不严格地是奴隶。以下的事实同样也可以证实我们的看法,即妻子之依附于丈夫,正如奴仆之依附于他的主人,甚至妻子的依附性更加强,因为婚姻是源自神法的约束,而主仆间的约束却并不是。然而,为了信仰的利益,虔诚的妻子可以脱离、离弃她不信教的丈夫,如果他因为她的宗教而迫害她,正如《哥林多前书》7和X, 4, 19, 7[②]所表明的那样。确实,如今的习俗是,如果夫妻双方有一方皈依了基督教,那么他或她就可以离弃还是不信教的另一方。因此同理,为了信仰的利益也为了避免风险,教会可以解放基督徒,使他们不再服从、臣服于不信教的统治者,只要这么做的时候能够避免引起激愤。由此,我们已经证明了第四项合法的权利理由。

十五、另一项权利理由建立在印第安君主的残暴统治或者建立

① 此处涉及著作为英诺森对教皇教令 Quod super his 进行的评注(X, 3, 34, 8)。——中译注

② 此处涉及文献为《哥林多前书》7:15-16,这段经文在教皇教令 Quanto te nouimus, X. 4.19.7 中被引用——中译注

在残暴的法律之上。这些印第安君主在印第安土著民中间实行统治,他们凶残地对待无辜的平民,例如他们允许用无辜的人作为牺牲,或者出于食人的目的杀害无辜者。我也认为,即便没有教皇的权威,西班牙人也应当阻止所有印第安土著民中这些凶残的习俗和仪式,有权拯救无辜民众被不正当地处死。经文能够证明我们的这一观点。经文说:"我主命令人们当爱他的邻人。"[①] 而印第安人都是我们的邻人。因此,任何人都可以保卫这些印第安人免受残暴的统治和压迫人的法律的统治,而君主们尤其有责任这么做。经文进一步证实了我们的观点:"人被拉到死地,你要解救;人将被杀,你须拦阻。"(《箴言》24)这段经文不仅仅适用于受害者事实上正被拉到死地,同时也适用于拯救印第安人不被此类的习俗与仪式逼迫至死。而如果印第安人拒绝,那么这就是对他们开战,并对他们采取符合战争法的全部措施的正当理由。如果此类的亵渎行为还是不能被阻止,那么久可以推翻他们的统治者,为他们树立新的统治者。关羽这点,我们发现英诺森和枢机主教的观点是很明智的,即人们可以惩罚那些有违自然的罪行。并且,即便所有印第安人都拥护他们的统治者,赞成此类的牺牲祭祀行为,或者他们不想要西班牙人作为他们的保护者,这些都是毫无意义、不相干的。因为,在这点上他们并没有合法的独立权利,能够将自己或者他们的孩子处死。如此,我们已经证明了第五项合法的权利理由。

十六、另一项可能的权利理由是真实、自愿的选择。假设印第安人了解到西班牙人审慎的统治与人道的精神,他们(无论是统治者还是被统治的民众)都发自内心地自愿接受西班牙国王作为他们的统治者。这种情况有可能发生,并且同样根据自然法有可能成为一

---

① Ecclesiasticus, ch. 17, v. 12.——英译注

个合法的权利理由。因为一个国家可以任命任何它所意愿的人成为统治者，并且不需要全部人的同意，而只需要大部分人的同意即可。因为，正如我在别处论证过的那样，在涉及国家利益的事务上，大多数人的决定是有约束力的，即便剩余的少数所持的是完全相反的观点。否则，国家的利益就将得不到保障，因为几乎不可能使所有人都保持同样的思考方式。因此，如果一个城市或地区的大部分人都是基督徒，并且他们为了信仰的利益也为了公共利益，愿意拥立一位基督徒君主，我认为他们就可以选举一位基督徒君主，即便这种做法有违其他人的意愿，即便这意味着推翻先前不信教的统治者。并且，我断言他们不仅可以为他们自己，同时和可以为整个国家选择一位君主，正如法兰克人为了他们国家的利益而改换他们的统治者，推翻了希尔德里克（Childeric），拥立查理曼的父亲丕平为国王。而且，这一改换统治者的行为也得到了教皇撒迦利亚（Zacharias）的批准。由此，我们也证明了第六项权利理由。

十七、另一项权利理由可以在结盟与盟友关系中找到。因为印第安人自己也时常彼此之间发动合法的战争，而受到不公正对待的一方有权宣战，他们可能会召唤西班牙人的援助，并同他们分享胜利后的战利品。据说特拉克斯卡尔泰克（Tlaxcaltecs）对墨西哥人开战时就是这样的，前者号召西班牙人来帮助他们打败后者，并且接受按照战争法所需要承担的责任。因为，毫无疑问结盟于盟友是战争的正当理由，这点卡杰坦同样也赞同（Secunda Secundae, qu. 40, art. 1）。因此，一个国家在反对外国入侵者时完全有权利召唤外国盟友来惩罚它的敌人。而且这种方法在罗马人中间曾经非常盛行，罗马人借此扩张了他们的帝国；他们不断地援助自己的盟友，因此每开启一场战争，通过战争的权利，都能获得新的领土。这一事实也能进一步证实这一权利理由。而且，圣•奥古斯丁（De civitate Dei, bk. 5）

和圣·托马斯(Opusculum 21)都赞许罗马帝国为一个合法的帝国。西尔维斯特将君士坦丁大帝视为黄丢,而圣·安布罗西将提奥多西(Theodosius)视为皇帝。然而,除了战争的权利之外,罗马人再找不出任何别的合法理由能够使他们拥有整个世界,而罗马人的战争中最重要的战争理由就是防御与保护他们的盟友。正是依照同样的方式,亚伯拉罕支持撒冷王(King of Salem)和其他几个曾经与其订约的国王,并且他同那一地区的四位国王战斗,尽管他们并没有对他本人犯下什么不义之举。(《创世纪》14)这是第七项同时也是最后一项权利理由,西班牙人借此能够统治印第安人并占有他们的土地。

十八、还有另外一项虽然不能成立,但可以提出来讨论的权利理由,而且有些人还会认为它也是一项合法的权利理由。我既不敢完全主张这项理由,也不敢完全否定它。这项理由就是:尽管这些印第安土著民并非完全的愚钝顽劣(这点正如上文所述),然而他们在理智上是有所欠缺的,因此他们不适合建立或统治一个合法的、达到人道和民事标准的(up to the standard required by human and civil claims)国家。因此,他们既没有得体的法律,也没有良好的官员,他们甚至不能管理自己的家庭事务;他们欠缺任何的文艺或艺术能力,不仅在文学艺术上如此,在机械技艺上同样如此;他们没有精细的农业,也没有手工业;他们缺乏许多使人类生活便利的物品,甚至缺乏许多必需品。因此人们可能会认为,为了印第安人自己的利益,西班牙统治者也应当承担起统治印第安人国家的重任,为他们提供地方首长(prefects)和城镇官员。西班牙人甚至可以为他们设立新的统治者,只要这样做显然是为了印第安人自己的利益。我认为,这些观点有一些说服力。因为如果他们全都缺乏理智,那么毫无疑问这些做法就不仅是被允许采取的,同时还是必须采取的。更不用说,我们的统治者有义务采取这些措施,就好比印第安土著民是幼儿。在此,同样的原则似乎也适用于那些理智上有缺陷的人。并且,在涉及自治(self-government)方面,他们似乎比全无理智的人好不了多少。甚至比野兽也好不了多少,因为他们的事物一点也不可口,几乎和野兽的事物差不多。因此,按照同样能的道理,统治的任务也应当交给有理智的人。对此,一项明显的证据是,如果碰巧发生了某种意外,所有印第安成年人都死掉了,只留下一些儿童和青年,他们确实具有一定程度的理性,但仍然处在年幼与青年时期。那么我们的统治者理所当然就应当承担起照顾他们的责任;并且只要他们还处在儿童的状态,我们的统治者就可以统治他们。如果我们承认这点,那么无可否认的就是,同样的推理也应当适用于印第安父母身上,因为据报道他们的心智是极其愚钝的。而做出此种报道的人是在印第安人中间生活过的人。据他们报道,甚至其他国家的小孩和青年的理智在这些印第安人中间都会显得鹤立鸡群。而且很显然,这种观点也是建立在仁慈这一训诫之上的,因为他们是我们的邻人,我们自然有义务要照顾好他们的利益。然而,正如我们已经讨论过的那样,人们不应当武断地提出这种观点,当做出这种解释时,人们应当多为印第安人的幸福与利益计,而不应当仅仅为了西班牙人的利益而百般穿凿。因为这是危害灵魂或是获得救赎的关键之所在。此外,从上文提及过的观点中我们可以获得一些帮助,即有些人是自然的奴隶;因为如果这些印第安人就是此类奴隶,那么他们也许应当被部分地当作奴隶来统治。

综合以上所有讨论可以得出如下结论:如果我们提出的所有这些权利理由都没有效力,那么印第安土著民既没有给予西班牙人发动正义战争的理由,他们也不期望西班牙人成为统治,等等。那么西班牙人在这些地区的所有旅行、贸易都要终止,这不仅对于西班牙人是巨大的损失,对于王室财库更是巨大的损失(这是不可容忍的事情)。对此我的答案是:第一,没有必要终止贸易,因为正如上文所述,有许多物品是在印第安土著民那儿是十分富足充裕的,西班牙人可以通过交易获得这些物品。同样也有许多物品是被印第安土著民当做无主物处对待或者当作所有人都可以取得的公共财产。而葡萄牙人,为了获得丰厚的利益,也同类似的人民进行贸易,而无需征服他们。第二,也许王室财库不会遭致巨大的损失,因为国王可以对从印第安人那儿带走的金银征收适当的税收,可以根据重量征收五分之一甚至更多。并且,这也是有利可图的(well-earned)[①],因为海路的发现是由我们的君主完成的,而且也正是由于他的权威,贸易才得以安全地进行。第三,显而易见,既然已经有许多印第安土著民改宗了,那么,我们的君主完全放弃统治与管理印第安人的土地既不合宜也不合法。

---

① 剑桥本为"有理由的、合理的"(justifiable)。按照上下文意,剑桥译本似乎更为合理,即维多利亚建议国王对金银征税,而这种税收是合理的,因为航路是由国王发现,并且贸易也受到国王的保护。——中译注

令人尊敬的教父,
弗朗西斯科·德·维多利亚兄弟
关于新近发现的印第安人的重释之后篇:

论战争法

概要:

一、基督徒可以在战争中服役,也可以作战(make war)。

二、宣战或者作战的权利在谁的手上?

三、任何人,甚至私人都可以接受或发起一场防御性战争。

四、如果人们遭受到歹徒或者仇敌的攻击,而他又有能力通过逃跑而逃脱,那么他是否应当对袭击进行反击呢?

五、每个共和国(commonwealth)都有权宣战与作战。

六、和国家(State)一样,君主也有权宣战与作战。

七、何为国家,谁又是真正的君主。

八、许多个国家或者君主,当他们拥有一个共同的主上或统治者时,他们在没有得到至尊统治者权威同意的情况下,是否能够自己作战。

九、弱小的统治者或者君主,他们并非一个完整的国家首领,而只是另外一个国家的组成部分,那么他们就不能接受战争或者作战。那么,城市呢?

十、正义战争的理由是什么?宗教的多样性并非正义战争的理由。

十一、帝国的扩张也并非战争的正当理由。

十二、君主个人的荣耀或者利益并非战争的正当理由。

十三、遭受到伤害(Wrong done)是作战唯一的正当理由。

十四、并非所有种类的伤害,也并非任何程度的伤害都足以成为作战的理由。

十五、当正义战争开启,为防御公共利益所需的所有行动都是合法的。

十六、在正义战争中,夺回曾经失去的东西,或者是其中的一部分都是合法的。

十七、在正义战争中,从敌人的财产中获利,以补偿战争的费用以及敌人不义的行为所造成的损失。

十八、在正义战争中,当财产已经从敌人那儿重新夺回来之后,君主接下来还能做什么。

十九、对于君主来说,在正义战争获得胜利并夺回了财产,甚至在建立了和平与安宁之后,对敌人曾经带给他的伤害进行报复并对敌人采取措施,为他们的伤害行为而惩罚他们,这些都是合法的。

二十、为了保证一场战争是正义战争,君主自认为自己有正当的理由还是不够的。

二十一、战争的正义性必须得到彻底而细致的考察。

二十二、臣民是否有义务考察战争的理由,并且如果臣民认为战争是不正义的,他可以不为这场战争服役,即便他的君主命令他这么做。

二十三、如果臣民良心上认为一场战争是不正义的,他们就可以不为这场战争服役,无论他们的看法是正确还是错误。

二十四、王公(Senator)、弱小的统治者以及一般地所有那些出席国事会议(public council)或者国王会议的人(不论是被召集前来还是主动前来),都有义务考察非正义战争的理由。

二十五、哪些人没有义务考察战争的理由,但是由于信赖他们的长官的良好信誉而可以合法地为战争服务。

二十六、在什么情况下,对战争非正义性的无知也不能宽恕曾经参战过的臣民。

二十七、当人们对战争的正义性心存疑虑时,该怎么办;如果一个君主在合法地统治某地,即便对其权利存有疑虑,另外一个君主也不能试图通过战争或者武力推翻这位君主。

二十八、一个城市或地区,人们都怀疑它是否拥有一个合法的统治者,尤其是当合法的统治者去世后,统治者的位置被空缺出来时,在这种情况下该怎么办?

二十九、如果有一个人对自己的所有权有所疑虑,那么即便他是和平地拥有所有权,他也有义务仔细考察自己的所有权状况,无论最后得到的是支持自己的结论还是支持他人的结论。

三十、在进行考察之后,如果疑虑仍然合理地存在,那么合法的所有人就没有义务放弃所有物,而是可以合法地保留它。

三十一、在有疑虑的情况下,臣民不仅可以再一场防御性战争中追随自己的君主战斗,在进攻性战争中也可以如此。

三十二、一场战争能否对双方而言都是正义的呢,并且除了无知,这种情况还如何能够发生。

三十三、无论君主还是沉默,当他并不知晓开启的是一场不正义的战争,那么,后来当他们确信这场战争的不正义性时,他们都必须进行赔偿。

三十四、在战争中杀死无辜者是否是合法的。

三十五、屠杀无辜者本身就是是绝对不可能合法的，更不论故意屠杀。

三十六、在反对土耳其人的战争中，杀死妇女和孩子是否合法；那么在基督徒之间的战争中，杀害农民、平民、外邦人、异乡人和教士是否合法。

三十七、意外杀害无辜者（甚至明知）的行为有时是合法的，有时不是。

三十八、为以防后患杀死无辜者是否合法。

三十九、掳掠敌人中的无辜者是否合法，可以采取哪些措施。

四十、如果战争在可以不必掳掠农民或者其他无辜平民的情况下顺利地进行，那么掳掠农民与平民的行为似乎就是不合法的；掳掠出现在敌人领地上的外国人和异乡人呢？

四十一、如果敌人拒绝归还被他们不正当地夺走的东西，受到伤害的一方可以以任何方式自己夺回来，他可以随心所愿地获得满足（不论是从有罪的人，还是从无辜者那里）。

四十二、无辜者和儿童，他们都是公认不能被杀的，那么他们是否至少可以被俘虏，变成奴隶。

四十三、在休战期间或者战争结束后从敌人那儿获得的人质，在敌人背信弃义，不遵守曾经许下的诺言时，是否可以被处死。

四十四、在战争中，杀死所有有罪的人是否合法。

四十五、在现实激烈的交火过程中，无论是在猛攻还是防守一座城市，只要战事还是危急的，不加区别地杀死所有抵抗的人就是合法的。

四十六、甚至在战争取得胜利，危险已然消除后，杀死有罪的人是合法的。

四十七、如果杀死他们仅仅是为了报复遭受到的伤害,那么杀死所有有罪的人就并不总是合法的。

四十八、有时杀死所有有罪的人不仅是合法的,还是合宜的,尤其是在针对不信教者的战争中。那么,在针对基督徒的战争中呢?

四十九、杀害俘虏和已经投降的人(假设他们都是有罪的)是否合法。

五十、在正义战争中获得的物品是否属于缴获者和取得者;缴获者所取得的东西有一个适当的限度,即满足自己先前被不正当地夺走的以及相关的费用。

五十一、按照万民法,所有动产都归缴或者,即使它们的价值已经超过了对伤害进行的赔偿。

五十二、将一座城市留给士兵作为战利品是否合法;为什么这是不合法的,即便有时候是必要的。

五十三、士兵不得肆无忌惮地烧杀抢掠,否则他们必须进行赔偿。

五十四、夺取并据有敌人的土地、城堡和城市是合法的,只要这样做是为了赔偿遭受到的伤害之必要。

五十五、为了保证安全避免危险,或者作为一种防御手段,为了使敌人不再有做出伤害行为的机会而夺取并据有敌人的城堡或城市是合法的。

五十六、以敌人曾经造成的伤害要对之进行惩罚即报复为由而夺取敌人的部分领土,这是合法的。以此为由,人们应当如何夺取城堡或者城市呢,有一些适当的界限必须遵守。

五十七、要求战败的敌人缴纳贡奉是否合法。

五十八、推翻敌人的君主并为他们树立新的君主,或者将君主之位留给自己是否合法。不加区别地在所有正义战争的情况下,都这么做为什么是不合法的。

五十九、何时敌人的君主可以被合法地推翻。

六十、论述教会典籍中关于战争的法则。

之前我们讨论了一些权利理由(其中有正当的也有不正当的),西班牙人可以借助这些理由占有那些被我们称为印第安人的野蛮人的土地。为了使得西班牙人取得并占有印第安人土地的行为在战争法上能够得到最有说服力的辩护,我打算简要地讨论一下战争法,作为之前一个“重释”的补充。然而,由于还有其他一些事务占据了我的时间,不允许我在处理这个主题的时候做到面面俱到,我所能论述的范围只能依据我仅有的一点时间来决定,而不能取决于这个主题本身的丰富性与庄严性。因此,我只能关注这个主题中最主要的那些论点,并提供简要的论证,而完全不能触及在讨论这个问题是本应当提出来加以讨论的许多疑难问题。以下我将主要论述四个重要的问题。第一、基督徒是否可以作战;第二、宣战或者作战的权力在谁的手上;第三、正义战争的理由应当是什么;第四、在正义战争中,对敌人可以采取哪些广泛的措施,可以如何采取。

关于第一个问题,战争对于基督徒而言似乎是完全禁止的,因为经文上甚至禁止自卫行为:“亲爱的弟兄,不要自己伸冤,宁可让步。”(《罗马书》12)并且在福音书中,我主也说:“有人打你的右脸,连左脸也转过来由他打。”(《马太福音》5)还说:“只是我告诉你们:不要与恶人作对。”“凡动刀的,必死在刀下。”(《马太福音》26)认为所有这些经文都只是建议而非诫命,这点还是不足以回答这个问题的。因为即使基督徒违背我主的建议而参加战争看来也会是严重的不当行为。而所有博士们的意见确实相反的,而且为教会接受的惯例也是如此。

在回应这个问题的过程中,值得注意的是,尽管天主教徒在这个问题上大体都持一致的意见,然而遗臭万年的路德却认为,基督徒甚至不可以拿起武器反对土耳其人。他不仅引述了上面引证过的经文,还认为,如果土耳其人攻击基督教是上帝的意愿,那么它就是不可抵抗的。然而,在这点上他也没能取得多大的成功,正如他的其他教条都未能成功地说服天生就是战士的德意志人一样。同样,德尔图良(Tertullian)似乎也并不反对这种观点,因为在他的《论君王的军事》(*De corona militis*)中,他讨论了"军事服役是否适合于基督徒"这个问题。并且,在这点上,他坚持认为,基督徒是禁止军事服役的。他还说,基督徒甚至不能走进法庭。

一、然而,略去那些不相干的观点,我简要地提出我的观点,作为对这个问题的回答:基督徒是可以服军役并可以作战的。这个观点也是圣·奥古斯丁的看法。在他详细论述这个问题的著作中,有许多段落都支持这种观点:例如(1)在他的 Contra Faustum;(2)在他的 Liber 83 Quaestionum;(3)在他的 De verbis Domini, in his Contra Secundinum Manichaeum;(4)在他的 sermon on the Centurion's son 以及(5)在他致卜尼法斯的信中。并且,正如圣·奥古斯丁所表明的,施洗者约翰对士兵所说的话也证明了这个观点:"不要以强暴待人,也不要讹诈人。"(《路加福音》3)圣·奥古斯丁说:(6)"但是,如果基督教教义完全谴责战争,那么那些到福音书中找寻救赎建议的人就应当被告知,丢下你们的武器,完全放弃服兵役;然而约翰告诉他们的却是:'不要以强暴待人,……自己有钱粮就当知足。'"

第二,这件事情本身的理性也能证明这个观点(Secunda Secundae, qu. 40, art. 1)。因为,拔出剑,拿起武器反对内部的作奸犯科者和暴乱的公民根据《罗马书》是合法的:"因为他不是空空地佩剑。他是神的用人，是伸冤的，刑罚那作恶的。”（《罗马书》13）因此，拔出剑拿起武器反对外部的敌人同样也是合法的。因此《诗篇》告诫君主们：“当保护贫寒和穷乏的人，救他们脱离恶人的手。”①

第三，同样自然法也是允许基督徒参战的，这点可以从亚伯拉罕的例子中看出来，他曾经同四位国王战斗（《创世纪》14）；并且也是成文法②所允许的，这点可以从大卫和马加比（Maccabees）的事例中看出来。正如圣•托马斯（Prima Secundae, qu. 107, last art.）所证明的那样，自然法所允许的福音律法就不会禁止，而且这也就是为什么它被称为自由的法律（《雅各书》1；2）的原因。因此，按照自然法和成文法合法的行为，在福音律法中更不会称为非法。③

第四，既然在防御性战争中可以毫无疑问地使用武力来以暴制暴（Dig., 1, 1, 3），这点在进攻性战争中也能够得到证明，即在进攻性战争中，我们不仅仅在保卫我们自己或者夺回我们自己的财产，而且我们还试图对那些曾经伤害过我们的人进行报复。我认为，圣•奥古斯丁的权威可以证明这点。奥古斯丁说：“为了报复遭受到的伤害而发动的战争就被称为正义战争。在正义战争中，人们可以惩罚一座城市或一个国家，因为它没能对自己的公民或臣民犯下的不义之举进行惩罚，或者没有归还被不正当地夺走的东西。”（Liber 83 Quastionum）奥古斯丁的这一定义也出现在教会经典中（can. dominus, C. 23, qu. 2）。

第五，关于进攻性战争的另一项证明是，即使在防御性战争中，除非对已经做出不义行为或者试图做出不义举动的人进行了报复，

---

① Ps. 81, in Vulgate. In A. V. Ps. 82.——英译注

② 剑桥本作“摩西律法”（Mosaic law）。——中译注

③ 剑桥本此处还有一句话，即“因此，参加防御性战争的权利是毫无疑问的，因为‘以暴制暴是合法的’（*Vim ui repellere licet, Digest* I. 1.3 以及 X.5.12.18）”。——中译注

防御战争就不能算是完满地结束。因为,如果没有用恐惧来惩罚他们,他们就还会继续作恶,还会大胆地发动第二次攻击。

第六,正如圣·奥古斯丁所言,战争的目标和目的是和平与国家的安宁(De verbo Domini and Ad Bonifacium)。然而,除非用战争的恐惧将敌人慑服,使他们不敢继续为恶,国家就不可能获得安宁。在这种情况下,如果一个国家在受到敌人攻击时所能做的一切就是击退敌人的进攻,而不能采取更进一步的措施,那这看起来是极其不公平的。

第七、这项证据来自世界的目的、目标和利益。因为如果压迫者、强盗、匪徒可以犯下罪行、压迫善良与无辜的人而丝毫不受惩罚,而后者还不能反过来对他们进行报复,那么这绝非使世界获得幸福的条件,反而是无穷无尽灾难的根源。

第八、最后一项证据在道德上有很重要的地位,这就是善良之人和圣人们的榜样与权威。他们不仅在防御性战争中保卫了自己的国家和他们自己的财产,他们还在进攻性战争中对敌人造成的或者试图造成的伤害寻求赔偿。这点可以从约拿单(Jonathan)和西蒙(Simon)的事例中看到,他们为自己的兄弟约翰的死而报复贾布里(Jambri)的儿子们(《马加比前书》9)。在基督教中,我们也发现君士坦丁大帝、大提奥多西(Theodosius the Elder)和其他许多著名而虔诚的基督教皇帝的光辉榜样,他们就进行了许多防御性战争也发动了许多进攻性战争,而他们的枢密会议里就包括许多德高望重、学识渊博的主教。

二、第二个问题:宣战与作战的权力在谁的手上?

三、对此,我提出自己的第一项主张:任何人,即使是私人,也可以接受并参与一场防御性战争。可以用武力来抵抗武力这(Dig., 上引)一原则就证明这个观点。因此,任何人不需要其他任何人的授权就可以参与这类战争,以保卫自己的人身,也保卫自己的财产和物品。

四、然而,与此问题相关会产生一个疑虑,即如果人们遭受强盗或敌人的攻击,而他又可以通过逃跑而已逃脱,那么对他的攻击是否能够进行反击呢?确实枢机主教[①]的答案是不可以,因为这种做法已经超出了不受谴责的自卫的限度。因为,每个人都有义务在实行自卫的时候,对攻击他的人应当尽量少地造成伤害。而如果反击会导致攻击者死亡或者造成致命性伤害,而被攻击者逃跑又是可能的,那么人们就应当采取后一种做法。然而,帕诺米坦乌斯(Panormitanus)[②]进行了区分(X, 2, 13, 12)。他说,如果逃跑会导致受害者遭受极大的耻辱,那么他就不能逃跑,而只能进行反击打败伤害他的人;而如果逃跑不会损害他的声望或容易,例如一位僧侣或者农民被一个高贵强大的人攻击,那么相反他就必须逃跑。不过,在评注《学说汇撰》(*Dig.*, 48, 19, 1, 以及 48, 8, 9,)时,巴托鲁斯没有进行这种区分,他认为,自卫是合法的,人们没有义务逃跑,而且逃跑本身就是错误的行为(*Dig.*, 47, 10, 15)。那么,正如 X, 2, 13, 12 和 c. 6, tit. II, bk. 5 in VI[③]中表明的那样,如果为了保卫财产就可以武装反抗,因此,为了保卫人身免受伤害就更加允许进行武装反抗了。因为对人身的伤害要比对财产的伤害严重得多(*Dig.*, 48, 19, 10)。这种观点是十分牢靠的,并且能够得到充分的证明,尤其是它得到民法的承认(*Dig.*, 48, 8, 9)。那么,人们按照法律行事就不用担心自己会犯罪,因为法律可以再良心的法庭上作为证明。所以,即使自然法

① 即佛罗伦萨枢机主教圣・安东尼诺(St Antonino of Florence)。——中译注

② 即为 Nicolaus de Tudeschis。——中译注

③ 这两处文献出处分别为教皇教令 *Olim causam quae*(X. 2. 13.12),此文献曾为帕诺米坦乌斯所引用,以及教皇教令 *Dilecto*(*Sext* 5. 11.6)。——中译注

不允许在保卫财产的过程中杀人,但在民法上它却是合法的并且也是可取的,只要它不会引起激愤。而且,不论对于俗人还是对于教士还是对于虔诚的人来说都是如此。

五、第二项主张:每个国家都有宣战权与参战权。在证明这项主张的过程中,必须注意到私人和国家质检存在的区别。正如上文所述,私人有权保卫自己以及所拥有的一切。但是,他却不能对以前对他造成的伤害进行报复,甚至不能要回以前被拿走的财产(自从财产被夺走以来,时间已经过去很长)。自卫只能针对近在眼前的危险,或者如法学家们所说,"即刻"的(in *continenti*)危险。因此,当自卫的必要性消失了,战争的合法性也就终结了。不过,在我看来,人们如果遭受到侮辱性的攻击,那么他就可以立即反击,即使袭击者并不打算继续攻击了。例如,有个人的耳朵被重重地打了一拳,为了避免遭受羞辱和不名誉,他可以立即拔出自己的剑。这不是为了报复,而是为了避免羞辱和不名誉。而国家不仅有权保卫自己,而且还有权为它自己以及它的臣民进行报复,昭雪冤屈。这点得到亚里士多德在《政治学》第三卷的支持。他说,一个国家应当是自身就自足的。而如果一个国家不能为受到的伤害报复,不能对敌人采取措施,那么它就不能适当地保卫公共利益,国家的资格就岌岌可危。因为如果侵略者可以毫不受惩罚地为非作歹,那么他们随时都有可能胆大妄为地为害人间。因此,为了使人类事务秩序井然,这项权利就必须授予给国家。

六、第三项主张:在这方面,君主也拥有国家所拥有的那些权利。这也是圣·奥古斯丁的观点:"为了保证人类的和平,自然秩序就要求,作战的权力以及指挥战争的权力都应该掌握在主权君主手上。"(*Contra Faustum*)理性也支持这个观点,因为君主是由国家选举而获得其地位的。因此,他就是国家的代表,并且行使着国家的权力。并且,只要一个国家还有合法的君主,那么所有权威都在他的手上。离开他,无论是在战时还是和平事情,任何公共性质的事情都不能完成。

七、那么,全部的困难也就集中于以下的问题:什么是国家,谁能够被适当地称为主权君主?关于这个问题,我只能简略地回答:一个完美的共同体就可以被适当地称为国家。但困难的核心在于定义怎么样的才是一个完美的共同体。要解决这个问题,我们就应当注意到,我们称某个东西是完美的,指的是它是一个完整的整体。因为有所欠缺的事物肯定就不是完美的,反过来,无所欠缺的就是完美的。因此,完美的国家或者共同体就是一个它自身就是完整的整体,即它不是另外一个共同体的组成部分,它拥有自己的法律,自己的会议和自己的官员,例如卡斯蒂尔王国、阿拉贡王国和威尼斯共和国以及其他类似的国家。许多公国和完美的国家可能处在某个君主的统治之下,这也并没有什么妨碍。因此,这样的国家或者它的君主而非其他任何人才有权宣战。

八、然而,这会引起一个疑问,当许多此类的国家或者许多个居住都拥有一个共同的主上或统治者,那么他们能否依赖自己的权威,而不需至尊统治者的授权就能作战。我的回答是,他们毫无疑问可以这么做,正如那些附属于皇帝的国王们可以彼此作战而不必等待皇帝的授权一样。因为正如上文所述,国家应当是自足的,而如果它不能决定是否作战,它就不是自足的。

九、由此可以推导出,其他小的王公贵族,他们不是一个完美国家的首领,而是另外一个国家的组成部分,因此他们就不能作战。这点是显而易见的。例如阿尔巴公爵(Duke of Alva)或者贝内文托伯爵(Count of Benevento),因为他们是卡斯蒂尔王国的组成部分,因此就不是完美的国家。然而,虽然这些事务大部分是由万民法和人法规定的，但是习俗也授予人们作战的权力和权威。因此，如果任何国家或君主通过古老的习俗，他们自己就获得了作战权，那么，他们的这项权威不得被否定，即使在其他方面他们的国家并不是完美的。同样，必要性也会授予人们这项许可与权威。因为假设在同一个王国内，有一座城市拿起武器反对另外一座城市（或者有一位公爵反对另外一位公爵），而国王由于疏忽或者缺乏勇气没有为受害一方昭雪冤屈，那么受到侵略的城市或者公爵就不仅可以进行自卫，还可以开战，同敌人进行战斗，甚至在没有其他适当的自卫手段的情况下，还可以杀死作恶者。因为如果受害者只能进行自卫，那么敌人可能就不会停止他的侵害行为。依照这一原则，私人同样可以对他的死敌发起攻击，如果没有其他方法能保卫他不受伤害。关于这个问题，我们就谈这么多。

十、第三个问题：正义战争的理由是什么？关于这个问题最好是将它同我们眼前正在考虑的印第安土著民的问题联系起来。我的第一项主张是：宗教的不同并非正义战争的理由。这点在前一“重释”中已经详细地论述过了，即我们论述统治印第安人的第四项不合法理由即印第安土著民拒绝接受基督教。并且，这个观点也是圣•托马斯（Secunda Secundae, qu. 66, art. 8）的看法，并且被博士们普遍接受。——确实，我不知道有谁持相反的观点。

十一、第二项主张：帝国的扩张不是正义战争的理由。这点是众所周知的，根本不需要证明。否则交战双方都会有同等正义的理由，因此他们双方都会是无辜的。而这反过来又会导致如下结果，即任何一方杀害另一方都是不合法的。而这又会导致自相矛盾，因为这是一场正义战争。

十二、第三项主张：无论君主的个人荣誉还是君主的个人利益都不是正义战争的理由。这点同样是昭彰的。因为君主必须让和平与战争服从他的国家的公共利益，而不能花费公共财产用于追求他们自己的荣耀或利益，更不能为了这些目的就将自己的臣民置之死地。在这点上，确实合法的国王和僭主是有所区别的。正如亚里士多德所说，僭主统治国家是为了他个人的好处与利益，而国王则是为了公共利益。（《政治学》卷四）同样，君主是从国家中获得他的权威的。因此，他应当为了国家的利益而运用这项权威。同时，正如伊斯多尔所引证的那样，法律“不应当为了任何人的个人利益而制定，而应当为了全体公民的公共利益而制定。”（can. 2, *Dist.* 4）因此，有关战争的法则也应当是为了所有人的利益，而不应当为了君主的个人利益。再者，正如亚里士多德所说，自由人与努力的差别在于，主人可以为了他们自己的利益而不会为了奴隶的利益剥削奴隶，而自由人并不是为了他人的利益，而是为了他们自己的利益而存在。因此，如果君主不是为了公共利益而是为了自己的私人利益，强迫他的臣民参战，榨取他们的钱财充实军费，那么这无异于把他的臣民变成了奴隶。

十三、第四项主张：有一项也只有一项正当的理由可以开启战争，即遭受到了伤害。这项主张的证据首先来自圣•奥古斯丁的权威（*Liber* 83 *Quaestionum*）“这些就可以被称为正义的战争。”等等。如上引）。并且它也是圣•托马斯（*Secunda Secundae*, qu. 40, art. 1）得出的结论，而且得到了所有的博士们的支持。同时，如上所述，进攻性的战争的目的是为了报复受到的伤害，而同敌人进行斗争。但是，如果此前没有过错与伤害，那么就不会有报复。由此可证。同样，君主对外国人的权威不会比他对自己臣民的权威更多大。而除非他的臣民犯下罪行，他就不能用剑针对他们。因此，同样对外国人也是如此。上文引述过的圣保罗关于一位君主所说的话也能证实我们的主张：“他不是空空地佩剑。他是神的用人，是伸冤的，刑罚那作恶的。”(《罗马书》13)因此,显然我们不可以用剑针对那些不曾伤害过我们的人,杀害无辜的人是自然法所禁止的。这里,我忽略了上帝在一些特别场合做出的与这里的结论不一致的劝诫,因为上帝是生与死的主宰,他的大能完全能改变他的各种观点。

十四、第五项主张:并非每一种伤害,也并非任何程度的伤害都足以成为开启战争的正当理由。这项主张的证据是,我们甚至不能将残暴的刑罚例如死刑、放逐或没收财产施之于我们自己的同胞所犯下的各类罪行上。因此,既然战争所导致的恶果(例如屠杀、大火焚烧、蹂躏)是最为严厉与残暴的,那么,用战争去惩罚敌人犯下的轻微罪行显然是不合法的,因为惩罚的严厉程度应当和犯罪者罪行的严重程度相适应。(《申命记》25)

十五、关于战争法的第四个问题:在正义战争中,哪些行为,哪种程度的行为是合法的。对此我的第一项主张是:在战争中,为保卫公共利益所要求的一些行为都是合法的。这点是显而易见的,因为战争的目的与目标就是为了保卫与保存国家。同样,如上所述,私人在自卫行动中能这么做,因此,国家和君主就更能这么做了。

十六、第二项主张:人们可以要回失去的东西,或者要回这些东西的一些部分。[①] 这点也是显而易见的,无需证明。因为它本身就是人们开启战争的目的。

十七、第三项主张:从敌人的财产中获得利益,以赔偿战争的费用以及敌人不正当地造成的所有损失,这也是合法的。这点是很清楚的,因为造成伤害的敌人必须赔偿所有的损失。因此可以要求赔偿全部的损失,并通过战争要求得到这些赔偿。同样,正如前文所

① 剑桥本为:“在正义战争中,要回失去的东西或者要回它们的确切价值是合法的。”——中译注

述，有一种观点认为，当其他办法都行不通的时候，私人债权人可以从债务人那里获得同其债权相当的财产。同时，如果有一个称职的法官在交战双方之间裁判，他肯定会谴责不正义的侵略者和不义行为的始作俑者，不仅会归还被他们拿走的财产，还会将战争的费用和所造成的一切损失都赔偿给另一方。而进行一场正义战争的君主在战争事务方面就是他自己的法官，这点如前文所述。因此，他可以要求他的敌人承担所有这些要求。

十八、第四项主张：在正义战争中，不仅上面提及的这些事情是被允许的，而且发动正义战争的君主为了保证和平与安宁，还可以进一步对敌人采取一切必须的措施。例如，摧毁敌人的城堡，在必要的情况下，为了警惕敌人危险的进攻，甚至可以在敌人的领土上兴建一座城堡。如前所述，战争的目的和目标就是和平与安宁，因此，交战的一方可以采取保证和平与安宁所必须的一切行动。再者，安宁与和平被视为是人类所渴望的事情，如果缺少安全，即便又再富足的物质繁荣都不能带来幸福。① 因此，对那些匪盗以及搅扰安宁的敌人就可以采取一切适当的措施，这些都是合法的。同时，人们可以采取所有此类的措施以打击内部的敌人，即针对那些邪恶的公民；因此，这些措施用来对付外部的敌人也是合法的。前提是清楚明确的，因为如果一个公民伤害了他的公民同胞，法官不仅会强制侵害者弥补受伤害的一方，同时，如果后者仍然会对前者感到恐惧，法官还可以要求前者做出保证或者将他驱逐出城，以根除由他引起的危险。这表明，即使一方取得了胜利并且冤屈得到伸张，胜利的一方还可以要求敌人交出人质，交出舰船、武器以及其他东西，如果这些事情是保证敌人履行其义务，防止敌人再次变得危险的必

① 剑桥本中，本节以下部分是缺少的。——中译注

要措施。

十九、第五项主张：不仅所有这些都是允许的，甚至在一方取得胜利，获得赔偿并确保了和平与安全之后，胜利的一方还可以对敌人造成的伤害进行报复，对敌人采取措施，对他造成的伤害而惩罚他。这些都是合法的。要证明这点，我们就必须注意到，君主不仅对他自己的臣民拥有权威，同时还对外邦人拥有权威，他可以阻止外邦人不做坏事。这是符合万民法，也是符合全世界的权威的。同时，它似乎也是符合自然法的。因为除非存在一种权力与权威去威慑作奸犯科者，防止他们伤害善良无辜的人，社会就不可能存续下去。因此，为统治以及保存社会所需要的一切都是出自自然法的；除此，我们再没有别的办法能证明，依照自然法国家拥有法律权威，对那些危害社会的公民施加痛苦与惩罚。而如果国家能够对它自己的公民采取这些措施，那么更大的社会无疑也可以对那些邪恶与危险的民众采取惩罚措施了，而这只能通过君主这一中介才能完成。因此，君主可以惩罚那些伤害了他们的国家的敌人，并且在战争已经适当、正当地开启之后，敌人就会受到发动战争的君主的司法权的制裁，就仿佛他是他们之间称职的法官。这点是确定无疑的。而且事实上，除非对敌人施加惩罚与伤害，就不能威慑他们，使他们在将来不会再采取类似的行动；而如果不能做到这点，战争的目的与目标和平与安宁就无法实现。这一事实也证实了上述观点。善良之人的榜样与权威同样也证明与证实了上述所说的一切。因为，正如上文所述，马加比发动战争不仅是为了要回失去的东西，同时也为了报复他们受到的伤害。并且，许多最虔诚的基督教君主与皇帝都做了同样的事情。此外，一个国家仅仅是击退了它的敌人还不足以洗刷遭受的屈辱与不名誉，还必须对敌人施加严厉的谴责与惩罚才能恢复名誉。而君主必须为他的国家捍卫与保存的就是国家的荣誉与权威。

二十、针对上述的这些观点,人们提出了许多疑问。首先,有人对战争的正义性提出质疑:对于正义战争而言,君主自认为拥有一项正义的理由是否就已经足够了?针对这点,我提出我的第一项主张:君主的这种自信还是不够的。关于证据:首先,我认为,在一些更不重要的事务上,不论是君主还是私人,他们认为自己是在正当地行动是不足够的。这是众所周知的。因为他们的错误是可以克服的,可以改过的,并且正如《伦理学》(卷二)所述,个人的意见并不足以保证行为的善好,它还必须达到智慧之人的判断标准。同时,如果君主的信念就足以保证战争的正义性,结果就会是,有许多战争双方都是正义的。因为君主怀着邪恶的信念发动战争并不是常常会发生的事情,相反,他们无不总是认为自己的战争理由都是正义的理由。在这种情况下,交战各方就都是无辜的,任何一方杀死另一方都是不合法的。因此,如果真是这样,甚至土耳其人和萨拉森人都可以对基督徒发动正义的战争,因为他们认为他们发动战争就是在为主效力。

二十一、第二项主张:人们必须极其仔细地考察战争的正义性与理由,并且那些以衡平(equity)的理由反对战争的人的理由也应当得到认真的倾听。这点对于正义战争是极其重要的。因为正如喜剧诗人说:“明智之人在采取武力之前都会通过言辞仔细地审视所有事情。”而且,他应当咨询那些善良与智慧的人,咨询那些不带任何愤怒、仇恨和贪婪之心,能够自由地言说的人。因为正如撒卢斯特(Sallust)所言:“哪里这些邪恶占据统治地位,哪里真理就晦暗不明。”这是不证自明的。因为道德问题上的真理与正义是很难获得的,对它们的处理稍有不慎就会导致错误;而且导致的错误是不可原谅的,尤其在如此事关重大的一件事情上;因为它牵涉到万千人的安危与幸福,那些人也是我们的邻人,我们应当像爱我们自己一样爱他们。

二十二、第二个疑问:臣民是否有义务考察战争的理由;他们是否可以在未对战争理由进行仔细考察的情况下就参战,就像皂隶(lictors)必须执行执政官(praetor)的法令而不能有所质疑。关于这一疑问,我提出的第一项主张是:如果臣民深信战争是不正义的,他就不应当参战,即便他的君主命令他参战。这点是显而易见的。因为没有任何人可以授权人们杀死无辜的人。而在我们假设的情况下,敌人就是无辜的。因此他们不能被杀害。再者,当君主在这种情况下发动战争,他就犯了罪。而且"神判定行这样事的人是当死的,然而他们不但自己去行,还喜欢别人去行。"(《罗马书》1)因此,当士兵并非怀着善良信念参战时,他们也是不可宽恕的。再者,遵照君主的命令去杀害无辜的公民也是不合法的。因此,杀害异邦人也是不合法的。

二十三、由此可以推论出,当臣民的良心不认同战争的正义性时,他们就可以不参与战争,无论他们是对的还是错误与的。这点是显而易见的,因为"凡不出于信心的都是罪。"(《罗马书》14)

二十四、第二项主张:王公(Senator)、弱小的统治者以及一般地所有那些出席国事会议(public council)或者国王会议的人(不论是被召集前来还是主动前来),都有义务考察非正义战争的理由。这点是显而易见的,因为任何可以拯救他的邻人免于危险与伤害的人都必须这么做,尤其是当在战争中,危险是死亡与致命伤害时,更是如此。而我们提到的这些人就能够避免战争,如果他们利用他们的智慧与地位仔细地考察战争的理由,并认为它是非正义的。因此,他们有义务考察战争的理由。再者,如果由于他们的疏忽,发动了一场非正义战争,他们就赞成了非正义战争。而它原本是他们能够并且应该加以阻止的,但事实上他们并没有阻止它,因此他们就是可以被谴责的。再者,国王自己并没有能力考察战争的理由,并且他也并非不可能不犯错,而这样的一个错误会给民众带来巨大的灾难与毁灭。因此,战争不应当单独依赖国王的判断而被开启,也不应当以少数人而应当以多数人的判断为依据开启。因为他们是智慧与正直的。

二十五、第三项主张:其他不能出席国王会议或者国事会议的、更加卑微的人就没有义务考察战争的理由,他们可以依赖他们的长官而参与战争。这点首先可以由以下事实加以证明,即要把国家的一切行动都向共同体的每一个人解释,这既是不可能的也是不合宜的。同样,这些地位更加卑微的人,即便他们意识到了战争的非正义性,他们也无法阻止它,而且他们的声音也没人会加以留意。因此,他们对战争理由进行的考察自然就是徒劳的。此外,对于这些低微的人来说,告诉他们战争在发动之前已经经过国事会议以及国家的权威考察过了就足够了,对他们而言,这足以证明战争的正义性了(除非相反的情况是显而易见的)。因此,他们就不必再进一步进行考察了。

二十六、第四项主张:然而,对于战争非正义性的证据与表征是如此明显,以至于曾经参战的低微臣民也不能以无知为理由得到宽恕。这点是显而易见的,因为这种无知是有意为之,并且是带着恶意而故意针对敌人的。同样,如果真是这样,当不信教者追随他们的首领与基督徒作战时,他们也可以得到宽恕,因此杀死他们就是不合法的,因为显然他们自视为拥有正义的战争理由。同理,无知地听从彼拉多的命令,将基督钉上十字架的士兵也可以得到宽恕。同样,那些由首领们率领着,高呼着“除掉他,除掉他,钉他在十字架”上的犹太暴民也可以得到原谅。

二十七、第三个疑问：当对战争的正义性持有疑问时，即双方都有明显的、有说服力的理由时，该怎么办？第一项主张：关于君主自己，如果君主合法地占有领地，他人就不可以试图通过战争和武力将他驱逐。例如，假设法兰西国王合法地占有勃艮第，而他对此地究竟是否拥有权利是令人怀疑的。皇帝就不可以通过武力将他驱逐出去；另一方面，法兰西国王也不可以夺取那不勒斯和米兰，即使对究竟谁才是它的合法主人存在疑问。这项主张的证据是，在有争议的事物上，占有的一方处在更有利的位置上。因此，以有争议的理由来剥夺占有者的占有就是不合法的。再者，如果将这件事情提交给一位合法的法官，他也绝不会在有疑问的情况下剥夺占有一方的占有。因此，如果我们假定那些声称拥有权利的君主就是他们自身案件中的法官，只要对合法权利存在疑问，他们就不能将占有者合法地驱逐。此外，在私人的争讼和案件中，这也是决不允许对案件尚有疑问的情况下剥夺合法占有者的占有。因此，在君主们的案件中，也不能剥夺他们的占有，因为法律是君主们的法律。因此，按照人法，在对案件存有疑问的情况下，剥夺合法占有者的占有是不被允许的，那么我们也能有效地反对君主的此类行为。“应当遵守你自己制定的那些法律，因为任何为他人制定法律的人自己也应当受到该法律的约束。”同时，如果不是这样的话，战争就在双方都是正义的了，并且永远得不到解决。因为如果在存疑问的事物上，允许一方通过武力来实现他的主张，另外一方就可以进行武力防卫；而在一方获得了他所主张的东西之后，另外一方也可以通过武力把它要回去。如此一来，战争将永无止息，只能给人民带来毁灭与灾难。

二十八、第二项主张：如果所争执的城市或地区没有合法的占有者，例如由于合法的主人去世之后，人们对到底是由西班牙国王还是由法兰西国王成为继承者存在争议，而在这点上法律又无法加以确定,那么,如果一方想要通过分割或对所争议地区进行妥协而解决这个问题,那么另外一方就必须接受这个建议,即使另外一方更强大并且有能力同武力夺取整个地区。在这种情况下,他并没有发动战争的正当理由。证据是:当争执双方的理由是同等的,一方提出平等分割争议标的的主张并不是不正当的。此外,在私人间的争执中,当对标的物还有争议,一方是不可以取得整个标的物的。因此,如果这样的话,战争在双方来说都是正义的了。而且,法官也不会将整个标的物判决给任何一方。

二十九、第三项主张:即使君主正和平地占有某物,如果他的合法权利是存在争议的,那么他也必须仔细地审查这项争议,耐心地聆听另外一方的主张,只有这样,他才能确定事实究竟是支持他自己还是支持另外一方。这个观点可以得到以下事实的证明,即人们如果心存疑虑但又不去弄清楚事实真相,那么他就不是善意地占有。例如,在婚姻的案件中,如果合法地占有某位女士的男子对这位女士事实上究竟是他的妻子或者已经是别人的妻子存有疑问,他就必须去考察这个问题。同样的原则也适用于其他情况。而且君主都是他们自己的案件的法官,因为他之上再无他人了。而毫无疑问的是,如果有人对一位合法的占有者提出了质疑,那么法官就有义务审查这个案子。因此,在对有争议的事项上,君主有义务审查他们自己的合法理由。

三十、第四项主张:在仔细审查自己的合法理由之后,合法的占有者没有义务退出占有,仍然可以合法地占有,只要争议仍然合理地存在。这点是毋庸置疑的。首先,因为没有任何法官可以要求他放弃占有。因此他就没有义务抛弃占有整个标的物或者是其中一部分。同样,在上述婚姻的例子中,只要案件还未得到解决,男子就没有义务放弃占有；这点是 X, 5, 39, 44 以及 in X, 4, 21, 2[①] 中规定的。因此，在别的案件中也不能提出类似的要求。而且，阿德里安明确地认为一方可以保留对争议标的物的占有，并且他也将这项原则适用于君主对某些标的物存在争议的情况（qu. 2, Quotlib. 2）。但是，关于臣民，如果他们对战争的正义性心存疑虑，阿德里安确实认为，在这种情况下（即人们怀疑战争的理由是否充足，或者仅仅怀疑是否存在充足的理由宣战），臣民可以不参与这场战争，甚至可以违抗君主的命令。证据是，他将使自己冒犯下道德罪孽的风险。同样，根据博士们的看法同时也根据事实，违背良心就是犯罪（what is not of faith is sin）这项原则应该被理解为一种谴责，不仅适用于良心得到意见明确确定，同时也适用于良心存有疑虑的情况下。在解释"战争"（bellum）一词时（I, §9）[②]，西尔维斯特似乎也坚持同样的观点。

三十一、不过，我们还是继续提出第五项主张：首先，在防御性战争中，臣民可以追随他们的君主参战，这点是毫无疑问的，即便他们对战争的理由心存疑虑。其次，臣民必须服从他们的君主，在进攻性战争中也必须服从。对此的第一项证据是，正如前文所述，君主没有能力也不应该总是向臣民解释战争的理由，而如果除非臣民们对战争的理由获得满意的解释，他们就可以不参战，那么国家就会陷入极大的危机中，罪恶之门就会被打开。同时，在有疑虑的事务上，人们应当采取更加安全的做法。因此，如果臣民在心存疑虑的情况下就不追随他们的君主参战，他们就使自己冒叛国投敌的风险，而比起心存疑虑地与敌人战斗来说，这会是更加严重得多的一项罪行。因此他们毋宁去战斗。同样，以下事实也能明确证明我们

---

① 此处文献出处为教皇教令 Inquisitioni tuae respondents（X.5.39.44）以及教皇教令 Dominus（X. 4.21.2）。——中译注

② 此处文献出处为西尔维斯特的著作 *Summa Suluestrina*, s.v. bellum 1 § 9。

的主张，即皂隶必须执行法官的法令，即使他对法令的正义性心存疑虑，因为相反的做法会导致更严重的危险。在反对摩尼教徒的作品中，圣·奥古斯丁的观点也支持我们的主张。他说："如果一个正直的人在为一位渎神的君王服军役，他可以一直执行君王的命令参与战斗，只要他确信君王给他的命令不违反神的诫命或者他不确信命令是否会违反神的诫命。"（C. 23, qu. 1, can. quid culpatur）在此，我们看到圣·奥古斯丁也明确地认为，如果不确信（即心存疑虑）战争是否违反了上帝的诫命，臣民可以合法地参战。因此，即便阿德里安再如何能言善辩，他也不能违反圣·奥古斯丁的权威，因为我们的主张无可挑剔地就是圣·奥古斯丁本人得出的结论。同样我们也不能认为，心存疑虑的臣民应当抛开心中的疑虑，使自己的良心默许战争的正义性，因为从道德上说，这是不可能的，就像在其他良心存有疑虑的情况下一样。因此，阿德里安的错误似乎就是认为，如果我怀疑这场战争对于君主是否合法，或者怀疑这场战争是否拥有正当的理由，那么紧接着我就必须怀疑自己是否应当参与这场战争。我承认，我绝不是要证明做有违良心的事情是正当合法的；我承认，如果我对做某件事情的合法性心存疑虑，而如果我又做了，那么我就犯罪了。但是，我对战争正义性的怀疑并不必然地就导致我怀疑，自己是否应当参与这场战争。相反，事实是另外一回事。因为，尽管我可能会怀疑战争的正义性，然而接下来的一点应当是，我应当服从君主的命令合法地在战场上服役。这种情况和皂隶怀疑法官的法令是否正义的情况是极其类似的，后一种情况并不必然导致皂隶怀疑自己是否应当执行法官的法令；他知道自己必须执行法官的法令。同样的道理，如果我怀疑家中的女士是否是自己的妻子，那么，这种疑虑导致的必然结果并不是，我必须对她放弃自己的配偶权。

三十二、第四个疑问：战争是否可能对于双方都是正义的。我的答案如下：

第一项主张：除非一方是出于无知，否则这种情况是不可能发生的。因为如果双方的权利与正义性都是确切无疑的，那么任何一方对另一方开战都是不合法的，无论是进攻一方还是防守一方。第二项主张：假设有一方对事实或法律存在可证明的无知，那么对于真正拥有战争正义性的另一方来说，战争本身就是正义的；而对于存在无知的一方，战争也是正义的，因为他发动战争是出于善意，因此是可以宽恕的。因为不可克服的无知是一项充足的理由。同样，无论如何，这种情况在臣民的身上经常发生。因为我们假设一位君主在明知战争是不正义的情况下还是发动了战争，而正如前文所述，他的臣民们又追随他参战了。在这种情况下，臣民参加战斗对交战双方来说都是在做合法的事情。

三十三、由此产生第五个疑问：某人由于无知发动了一场非正义的战争，后来他意识到战争的非正义性，那么他是否必须做出相应的赔偿。这个问题既可以针对君主，也可以针对臣民。我的第一项主张是：如果战争的非正义性是他有能力证明的，当他了解到战争的非正义性时，他就必须将被他夺走尚未消费掉的东西归还，也就是说，必须归还因此所增益的部分；而对于他已经消费掉的那部分，他不必进行赔偿。因为法律的规则是，无过错之人不应当受到谴责。这就好比人们善意地出席了由盗贼举办的一场丰盛的宴会。宴会上的食物都是盗贼偷窃而来。那么，吃掉食物的宾客们自然没有义务为此进行赔偿，当然也许应当以他日常在家所可能吃掉的食物的量为限。不过，在论述“战争”（bellum）一词时（I，§9）西尔维斯特认为，如果人们对战争的正义性有疑问，而他又遵从了君主的权威，那么他也必须充分地赔偿，因为他是怀着恶意在战斗的。

为了反驳这种观点，我提出我的第二项主张：

人们不必赔偿已经消费掉的东西，这就好比他必须将未消费掉的归还一样。因为（正如前文所述）他参战时合法的，是怀着善意的。然而，如果人们已经怀疑参加战争是否合法了，那么西尔维斯特的观点就是有道理的，因为否则他就将违背自己的良心行事。最后，必须注意一个得到承认的事实，即战争本身可能是正当合法的，然而可能由于其中的一些附属行为而变成不合法的。因为人们都普遍承认，即便某人有权取得一座城市或一个地区，然而由于屠杀的行为，这场战争也会变得不合法。因为正如前文所述，战争应当为了公共利益而发动，假设有某座城市除非以将会给国家带来更大灾难的手段就不能被攻取，例如蹂躏许多城市，大屠杀，激怒君主，引发新的、破坏教会的战争（在这种情况下会给异教徒侵略并夺取基督教领土的机会），那么毫无疑问君主就必须毋宁放弃自己的权利，停止战争。因为很显然，假如法兰西国王有权夺回米兰，但是由于战争，法兰西王国和米兰公国都会遭受到沉重的灾难和悲痛，那么法兰西国王要夺回米兰就是不正当的。这是因为战争应当为了法国的利益也为了米兰的利益而开启。否则巨大的灾难就会通过战争降临到战争双方的头上，而这场战争也就不是正义的战争。

三十四、关于另外一个问题，即在正义战争中哪些行为才是合法的，这同样会引起你许多疑问。首先是：在战争中杀害无辜者是否合法。答案似乎是肯定的，因为首先《约书亚记》记载以色列的儿子们现在耶利哥（Jericho）屠杀了儿童，之后，扫罗在亚玛力（Amalek）杀害儿童（《撒母耳记上》15）。而在这两个例子中杀害儿童的行为都得到了上帝的授权，是按照上帝的命令办的。而《罗马书》15 写道："从前所写的圣经，都是为教训我们写的。"因此，如果现在发生了一场正义战争，那么杀害无辜者也是合法的。

三十五、关于这个疑问,我提出我的第一项主张:有预谋地杀害屠杀无辜者本身是绝对不可能合法的。首先,经文上说:“不可杀无辜和有义的人。”(《出埃及记》23)其次,正如前文所述,正义战争的基础是受到了伤害。而这些伤害行为并非无辜者做出的。因此,战争不可以针对他们。第三,在一个国家内部,因为有罪的人犯下的罪行而惩罚无辜者是不合法的,因此,针对敌人也是不合法。第四,假如不是这样,尽管不存在一方的无知,战争也可能在双方都是正义的;而这种情况正如上述是不可能发生的。因此结论显然就是,无辜的民众可以进行自卫,反抗那些试图杀害他们的人。而且,《申命记》也证实了这个观点,以色列的儿子们被命令用武力夺取某座城市,并杀死除了妇女和儿童之外全部的人。

三十六、由此可以推论出,即使在同土耳其人的战争中,杀害儿童也是不被允许的。这点是显而易见的,因为他们都是无辜者。对了,同样的原则也适用于不信教者的妇女。这点也是很清楚的,因为就战争而言,她们都是无辜的;但是就个别确实有罪的妇女来说,这项原则是不适用的。而且,同样的原则也适用于基督徒中间,他们不得杀害手无寸铁的农民,以及其他和平的人民。因为除非有相反的证据证明,他们都应当被推定是无辜的。从这项原则中还可以推导出,杀害那些在敌人中短暂逗留的外国人和异乡人也是不合法的,因为他们应当被推定为无辜者,并且事实上也并非敌人。同样的原则也适用于教士以及其他的宗教人员,因为在战争中,除非有相反的证据(例如他们实际地参与了战争),一般推定他们为无辜者。

三十七、第二项主张:有时候,作为附带结果看,杀害无辜者(甚至知道其为无辜者)也是正当的。例如,有一座城市或者城堡经受一场正义战争的炮火的猛烈攻击,尽管人们清楚城堡里许多无辜百姓,但是大炮或者其他攻城器械或者焚烧建筑的大火都只能讲无辜者和有罪的人一起摧毁。证据是：如果不是这样，甚至惩罚有罪之人的战争也将无法进行下去，而战争的正义将得不到实现。反过来，同样的道理，假如有一座城市遭到不合法的围攻，人们正在正当地进行抵抗防守，那么向敌人、敌营中发射炮弹就是合法的，即使假设我们明明知道敌营中有许多儿童和其他无辜的人。

然而，我们还必须注意上文提过的一点，即人们必须警惕战争不产生比战争试图避免的结果更加恶劣的后果。因为如果对一座居住着许多无辜民众的城市或城堡的猛攻对于战争的最终结果并没有很大的影响，那么，为了打击一些部分有罪之人而同大火、枪炮或其他手段杀害许多无辜者就不是正当的。战火是无情的，它并不能区分出无辜者与有罪者。总之，杀害无辜者是绝对不正当的，即使作为间接、附带的结果也是不例外，除非找不到任何别的办法使战争进行下去。经文有云：让稗子生长吧，"恐怕薅稗子，连麦子也拔出来。"（《马太福音》13）

三十八、还会产生一个疑问：为了防止无辜者在将来产生危害，因此杀害他们是否是合法的？例如，萨拉森人的孩子是无辜的，但是有理由担心他们长大后会发对基督徒，并使基督徒遭受战火的苦难。此外，尽管敌人中并非士兵的成年男性公民也被推定为无辜者，然而他们日后有可能成为士兵，带来危害。那么，杀害这些年青人是否合法呢？答案看似肯定的，原因与上述证明的可以附带地杀害其他无辜者是一样的。而且，经文上也记载以色列的儿子们在贡献任何一座城市时都被受命杀死"每一个成年男子"。（《申命记》20）而我们又无法推定"每一个成年男子"都是战士。

我的回答是，尽管人们可以为这种杀害无辜的行为进行辩护，然而，我认为它绝不是正当的，因为人们不可以为了避免更大的恶而去作恶，而为了将来可能的罪行而杀死某个人，这是绝对不被容许的。此外,还有许多可取的办法可以用来防范他们将来的行为,例如囚禁、放逐等等(这点下文即将论及)。[①] 由此可推论出,无论战争是否已经以胜利告终,或者是仍然正在进行,如果有士兵能够清楚地证明自己的无辜,而士兵又能够放了他,他们就必须对他网开一面。[②]

对于证明了相反观点的论据,我的回答是:上文提及的那些例子中提到的那些屠杀是源于上帝的特殊旨意,上帝对那些人民感到异常的愤怒,并且想要彻底地毁灭他们,就像他曾经一把大火烧了索多姆和蛾摩拉,根本不费心区分谁是无辜,谁是有罪的一样。然而,上帝是万物之主,而且他也没有将这项许可变成一项普遍的法律。而且同样的回答也可以再《申命记》20 中找到。即使在那个例子中,上帝所指定的是在将来都有效的普遍的法律,上帝指定它的原因似乎也是因为敌国中所有成年男性都被视为有罪的,而无辜者也很难同有罪的区分开来。因此,才把他们全部都杀了。

三十九、第二个疑问是:在正义战争中,掠夺无辜的敌国臣民是否合法。我的第一项主张是:如果无辜者的财产例如武器、船只和其他战争器械,被敌人用来同我们作战,那么夺取这些财产自然就是合法的。这点是十分清楚的,因为如果不是这样的话,我们就不可能获得胜利,而胜利是每一场战争的目的。此外,夺取无辜者的钱,烧毁他们的庄稼,杀死他们的马匹也是合法的,如果这么做是使敌人的力量衰竭所必须。由此可以推论出,如果战争会无限期地继

---

① 剑桥译本还有一句:“因此,杀害外邦人也是不合法的。在这点上我没有丝毫的疑问。”——中译注

② 此句剑桥译本译为:“由此可推论出,无论战争是否已经以胜利告终,或者是仍然正在进行,如果有人能够自证清白,而士兵又可以放了他,那么他们就必须对他网开一面。”——中译注

续下去,那么掠夺敌国全部的臣民(不分有罪还是无辜)也是合法的。因为正是从他们的资源中,敌人可以不断获得滋养,继续不正义的战争。相反,如果掠夺了他们的臣民,则敌人的力量也就衰竭了。

四十、第二项主张:如果战争可以在不需要掠夺农民和其他无辜民众的情况下足够有效地进行下去,那么他们就不应当被掠夺。西尔维斯特在论述“战争”一词时(I, §10)坚持的也是这种观点,他认为,战争是建立在受到的伤害之基础上,因此,就不可以对那些无辜者行使战争的权利,只要通过别的方式可以使伤害得到昭雪。对了,西尔维斯特还认为,即使有很好的理由掠夺无辜者,然而,当战争结束后,胜利者必须将剩下的物品返还给他们。然而,这点我认为是不必要的。因为人们依照战争的权利所进行的一切行动都能够依照发动正义战争的这些人的权利得到最好的解释,因此,他们合法地取得东西在我看来是不必返还的。不过,西尔维斯特的观点也是很虔诚的,并非毫无道理。但是,掠夺在敌国领土上的外邦人和旅行者就绝不是合法的,因为他们不是敌人,除非他们有明显的过错。

四十一、第三项主张:如果敌人拒不交还被他们不正当地夺走的东西,那么受到伤害的一方就可以任意掠夺有罪者或者无辜者以使自己获得满足,除此他就不能得到适当的补偿。例如,假设有法国的匪徒洗劫了西班牙领土,而法国国王虽然有能力但又没有强迫他们将战利品归还给西班牙,那么西班牙人在君主的授权下就可以掠夺法国的商人或者农民,无论他们是多么清白无辜。这是因为,虽然法国或者其君主可能并非罪魁祸首,然而,正如圣·奥古斯丁所说,他们没有为自己臣民犯下的罪恶行径而惩罚他们就是违背了君主的义务,因此受到伤害的主权君主就可以从该国所有臣民和每一个地方寻求满足。因此,在这种情况下君主们通常会签发的拿捕令状或者报复令状(letters ofmarque and reprisals)就不是不正义的了。因为它们是以对方君主忽视、违背君主义务为前提的,因此,受到伤害一方的君主可以授予他这项权利,使其甚至可以从无辜的平民中得到补偿。然而,这些令状是十分危险的,无异于为劫掠扫清道路。

四十二、第三个疑问:即使承认杀害儿童和其他无辜的人时不合法的,那么至少是否允许将他们掳掠,变成奴隶呢?这个疑问只需要一项主张就可以得到解决,即掳掠无辜者是完全被允许的,道理就和可以掠夺无辜者一样。而是自由身还是奴隶就取决于他们自己的好运气了。当一场战争正在进行中,不做区别地掠夺敌国全部的臣民并夺取他们的财产都是合法的,那么,把敌国全部的臣民(无论他们是无辜的还是有罪的)都掳掠也是合法的。同异教徒的战争属于此类,因为它是永无止境的,而且他们永远也无法补偿他们造成的伤害和损失。因此,毋庸置疑,把萨拉森人的妇女和儿童掳掠为囚或者奴隶就是合法的。但是这种奴役行为在基督教徒之间进行的战争就是不合法的。因为按照万民法,基督徒是不能由于战争的权利而变成奴隶的。这也是一条广为接受的基督教法则。但是,如果为实现战争的目的与目标必须这么做,那么掳掠无辜的人例如妇女和儿童也是合法的。但是,不能把他们变成奴隶,可以用他们来要求一笔赎金。不过,所有这些都不能超过战争的必要性所要求的程度,不能超越合法的交战双方的习俗所允许的程度。

四十三、第四个疑问:如果敌人背信弃义,不履行承诺,是否可以杀死从敌人那儿得到的人质(无论是在休战期间得到的,还是在战争结束之后得到的)。对此我提出唯一的主张作为回答:如果人质在其他方面是有罪的,例如由于他们携带了武器,那么在这种情况下就可以合法地处死他们;然而,如果他们是无辜的,例如他们是妇女儿童或其他的无辜民众,那么按照上文所论述的理由,他们显然就不能被杀害。

四十四、第五个疑问时：在正义战争中，将有罪之人赶尽杀绝是否是合法的。在回答这个问题之前，我们必须注意到，正如前文所证明的，战争是为了以下的目的而进行的：首先为了保卫自身以及属于我们的财产；其次，为了夺回被夺走的东西；第三，为了报复遭受到的伤害；第四，为了保证和平与安宁。

四十五、确立了这些前提之后，我提出我的第一项主张：在显示的激烈战斗中，无论是在猛烈地攻击还是防守一座城市，所有抵抗的人都可以不加区别地杀死；简言之，只要战事还激烈地继续，这么做就是合法的。这点是显而易见的，因为除了扫除一切阻碍、抵抗的人，战士们就不能适当地实现他们的目的。然而，所有的疑难就在于了解，当我们已经赢得了胜利，而敌人对我们也不再危险时，我们是否可以将这些曾经拿起武器与我战斗的人都杀死。显然答案是肯定的。因为正如上文所述，上帝给出的一条战争诫命就是，当敌人的城被攻破之后，里面所有居民都要被杀死。经文如下："你临近一座城要攻打的时候，先要对城里的民宣告和睦的话。他们若以和睦的话回答你，给你开了城，城里所有的人都要给你效劳，服事你；若不肯与你和好，反要与你打仗，你就要围困那城。耶和华你的神把城交付你手，你就要用刀杀尽这城的男丁。惟有妇女、孩子、牲畜和城内一切的财物，你可以取为自己的掠物。耶和华你的神把你仇敌的财物赐给你，你可以吃用。"（《申命记》20）

四十六、第二项主张：即使战争已经取得胜利，危险不再存在，杀死有罪之人也是合法的。证据是：正如上文所述，战争不仅仅是为了恢复财产而发动，它还为了报复受到的伤害。因此伤害的始作俑者必须为此被杀死。再者，对于那些我们自己犯过错的公民，杀死他们都是合法的，那么对于外邦人也是合法的。因为，如上文所述,战争中的君主对敌人能够行使战争的权利,这权利就像他是他们合法的法官和君主一样。此外进一步的理由是,尽管当前敌人不再具有危险,然而,除非通过惩罚的恐惧来震慑敌人,将来的安全就得不到保证。

四十七、第三项主张:仅仅为了报复遭受的伤害,这一点还并不能使杀害所有有罪之人的行为总是合法的。证据是,即便在公民中间,当伤害是整个城市或地区犯下的,杀死所有的作奸犯科者也可能并不是合法的;而且在通常的叛乱中,屠杀和摧毁全部的人民也是不被允许的。因此,正是由于做出了这样的行为,圣·安布罗西(St. Ambrose)革除了提奥多西(Theodosius)的教籍。[①] 因为这样的行为不是为了公共利益,而公共利益才是战争与和平的目的。所以,杀死敌人中所有有罪的人是不正当的。因此,我们应当考虑敌人所造成的伤害的性质,以及他们所导致的损害的程度,还有其他的损失。并以此为依据,进行报复与惩罚,而不带有任何残酷与不人道的行为。关于这点,西塞罗曾经说过,我们对有罪之人施加的惩罚应当在公平与人道允许的范围。(《论官职》,卷二)并且撒路斯特也说:“我们的祖先是最虔诚的人,他们从被征服的敌人那儿拿走的东西,从不会超过敌人的冒犯行为的性质所许可的限度。”

四十八、第四项主张:有时候杀死全部有罪之人是合法的,也是合宜的。证据是,战争是为了获得和平与安宁的目的而发动的。而有时候除非完全摧毁敌人,安全就不能实现。对不信教者的战争尤其是这样。希望通过任何条约的方式从他们那儿获得和平都是徒劳的。唯一的做法就是毁灭所有那些能够拿起武器反对我们的人,只要他们已经犯下了过错。《申命记》20 里提到的诫命也应当这样

① 这里指的是公元 390 年的帖撒罗尼迦(Thessalonica)大屠杀。——中译注

解释。不过，反过来说，在基督徒之间进行的战争，我认为，这种做法就是不允许的。因为它必然会导致更进一步的仇恨的加深(《马太福音》18)以及君主间新的战争。因此，如果胜利者总是杀光所有的敌人，那么这就会导致人类以及基督教的毁灭，整个世界很快就会变得孤单；而且战争也就不是为了公共的利益而开启，而是导致了公众的完全毁灭。因此，惩罚的尺度应当与侵害相适应，报复不应当超过尺度。而在这点上，我们又必须考虑到上文所述的一个观点，即臣民不必也不应当考察战争的理由，他们只需要依赖君主以及国事会议的权威，追随他们的君主。因此，在大多数情况下，尽管战争在其他方面看来是不正义的，但是参加战斗的军队、以及守卫或攻打城市的士兵从交战双方看来都是无辜的。因此，在他们失败之后，当不再有进一步的危险时，我认为，人们就不可以杀死他们，不仅仅不能把他们全部杀死，甚至一个都不能杀死，如果我们推定他们都是怀着善意参加战争的。

四十九、第六个疑问：杀死投降或者俘虏的士兵是否合法，假设他们都是有罪的。我的答案是：绝对地说，没有任何东西能阻止人们杀死这些在正义战争中投降或者俘虏的士兵，如果遵循严格的平等原则。然而，战争法的许多规则都是以万民法为基础的，而在赢得胜利，所有的危险都消除之后，俘虏(除非碰巧他们都被消灭了)都不会被杀死，这种做法似乎也是被广为接受的战争习俗和惯例。而万民法是必须尊重的，因为它就是善良人民之间的习惯。但是，我没有读到或者听到任何关于投降俘虏的习俗。在一座城堡或者城市投降的时候，投降的人通常都会为自己提出投降条件，以保证他们脑袋的安全，保证他们能够全身而退；他们都担心无条件的投降可能就意味着死亡。我们读到好多这种事例。因此，如果一座城市没有采取任何预防措施就投降了，那些更加罪大恶极的首领就应当按照君主或者法官的命令被处死。

五十、第七个疑问：在正义战争中被夺取的所有东西是否都成为取得者的财产。我的第一项主张是：毫无疑问，在正义战争中被夺取的所有东西都将成为取得者的财产，但其限度是，只能补足被不正当地夺走的财产数量以及为取回这些财产所花费的费用。这点无需证明，因为这就是战争本身的目的。但是除了从赔偿与补足这两方面考虑之外，还可以从战争法的角度来考虑这些问题。那么，我们可以因此将在战争中取得财产分为动产（例如金钱、衣服、金银）和不动产（例如土地、城市和城堡）。

五十一、以此为前提，我提出我的第二项主张：按照万民法，所有动产都将成为取得者的财产，即使其总量已经超出补偿损失的限度。这点可以清楚地从《学说汇撰》和教会法（*Dig.*, 49, 15, 28 and 24, and from *can.* 9, *Dist.* I）中看出。而且《法学阶梯》（Inst.,2, 1, 17）对它有更加明确的表述："按照万民法，从敌人那缴获的所有东西都立刻成为我们的财产，甚至自由人都可以变成我们的奴隶。"而圣•安布罗西（Liber de Patriarchis）说，当亚伯拉罕打败四个国王之后，他们的战利品就属于作为征服者的亚伯拉罕，尽管他拒绝接受这些财产（*Genesis*, ch. 14, 以及 can. 25, C. 23, qu. 5）。而且，上帝的权威也证实了这点，关于攻打一座城市，上帝说："城内一切的财物，你可以取为自己的掠物。耶和华你神把你仇敌的财物赐给你，你可以吃用。"（《申命记》20）在其论述赔偿问题，尤其是同战争相关的赔偿时，阿德里安也坚持这种观点。而西尔维斯特在论述"战争"一词时（§1 and §9），他说，在一场正义战争中，有正当理由的一方没有义务归还其战利品（can. 2, C. 23, qu. 7）。"因此可推论出，在战争中取得的战利品可以不被当做充抵主要债务的财产，这点枢机主教也赞同（*can.* 2, C. 23, qu. 2）。"而巴托鲁斯也坚持同样的观点，在他评注《学说汇撰》(*Dig.*, 49, 15, 28)。而且,即使敌人准备以其他方式赔偿造成的损害与伤害时,这项原则也应当被认为是真实的。然而,西尔维斯特对它进行了限制,正当地允许它只能充分补足受到的损失和伤害。因为假设法国人劫掠了西班牙的某个地区或者某个不重要的城市,而西班牙也可以(如果他们有能力的话)劫掠整个法兰西,这是令人无法想象的。他们只能以遭受到的伤害种类、程度相适应的方式,按照一个善良之人的评估进行报复。

五十二、但是从这个结论中又产生了另一项疑问:即将一座城市交给士兵们去蹂躏是否是正当的。对此我将作出回答,这就是我提出的第三项主张:这种行为本身是不合法的,但它可能是战争过程的必要措施,或者作为对敌人的威慑,或者作为对不对士气的激励。在解释"战争"一词时(§10),西尔维斯特坚持的就是这种观点。同样的原则也可以用来证明人们可以以合理的理由焚毁一座城市。然而,此类将城市任由蹂躏的授权会导致野蛮的士兵犯下许多惨无人道的恐怖与残忍罪行,例如屠杀、折磨无辜百姓、强奸少女、玷污妇女、洗劫神庙。因此,无疑将一座城市尤其是基督教城市在毫无急迫的必要性,毫无重大理由的情况下任由蹂躏就是一项极端不正义的行为。然而,如果战争的必要性要求这么做,它也不是非法的,即使军队有可能会犯下各种愚蠢的罪行。对此,他们的将军长官仍然有义务尽其所能地加以禁止与阻止。

五十三、第四项主张:暂且不论所有这些,在没有得到君主或将军的授权,士兵没不得劫掠或纵火,因为他们自己并非法官,而只是执行的人员;而如果他们这么做了,他们就必须做出赔偿。

五十四、关于不动产,问题更加困难。对此我提出我的第五项主张:如果对于获得敌人对他们造成的损害进行的赔偿是必要的,那么夺取并占有敌人的领土、城堡和城市无疑就是合法的。例如,如果敌人摧毁了我们的一座城堡，或者烧毁了一座城市、葡萄园或者橄榄园，我们反过来也可以夺取并占据他们的土地、城堡或城市。如果要求敌人对从我们这儿夺走的东西进行赔偿是合法的，那么按照神法与自然法，从动产中获得赔偿当然丝毫也不会比从不动产中获得赔偿更加合法。

五十五、第六项主张：为了保证安宁，避免敌人造成危险，夺取并占据属于敌人的城堡或城市也是合法的。夺取这些城堡或城市对于我们的防御是很必要的，对于不给敌人伤害我们的机会也是很必要的。

五十六、第七项主张：为了赔偿遭受到的伤害，通过惩罚即报复的方式，依照遭受伤害的特点，割据敌人的一部分领土也是合法的，甚至可以以此为理由占据敌人的城堡或城市。然而，正如上文所述，这种行为必须有适当的界限，我们也不应当依靠着自己的实力和武力肆无忌惮地强取豪夺。并且，如果战争的必要性与原则要求占领敌人更大部分的领土，夺取许多的城市，在冲突得到调解，战争结束的时候，只能保留其中的一部分，这部分相当于受到伤害的赔偿、由此导致的费用以及对罪行进行的惩罚，并且应当考虑到公平与人道的原则，因为惩罚必须和过错相适应。因此，如果法国人袭击了西班牙人的羊群或者烧毁了她的某一个地区，西班牙人就攻占了整个法兰西王国，这显然是不可思议的。《申命记》20也证明了在胜利的时候占领敌人部分领土或者敌人的城市的合法性，经文记载了上帝允许人们在战争中占领拒绝接受和平条约的城市。再者，国内的罪人也可以以这种方式加以惩罚，即可以是情节而定没收他们的房子、土地或城堡。因此对外国的罪犯也可以如此。

再者，一位高级的法官有权利通过夺走罪犯的城市或城堡作为对他的惩罚。因此，遭受伤害的君主也能这么做，因为通过战争法，他就被推上了法官的地位。此外,罗马帝国就是通过这种方式、依照这个权利理由逐渐成长与发展起来的,即依照战争的权利,通过占领对他们造成过伤害的敌人的城市和领土。而圣·奥古斯丁、圣·杰罗姆、圣·安布罗斯、圣·托马斯和其他许多令人尊敬的博士们都为罗马帝国辩护,认为它是正当与合法的。另外,在经文中,基督也是赞许罗马帝国的。"该撒的物当归给该撒;神的物当归给神。"圣保罗也是赞许罗马帝国的,他诉诸凯撒,并且在《罗马书》中告诫人们要服从更高级的权威,服从君主,向罗马帝国的官员交税。这些官员在当时全部都是从罗马帝国获得其权威的。

五十七、第八个疑问:要求被征服的敌人缴纳贡奉是否合法。我的答案是,这样做毫无疑问是合法的。这种方法不仅可以用来获得对损害的赔偿,还可以作为一项惩罚报复敌人。这点从上文所述以及《申命记》20中的记载就足够清楚了。经文记载着,犹太人来到一座城市,并且由正当的理由对它发起攻击,而如果这座城市接纳他们,并打开城门,所有的人就可以得救,并且需要向犹太人缴纳贡奉。这项战争法与习俗一直保留了下来。

五十八、第九个疑问:推翻敌人的君主、任命新的君主或者将王位据为己有是否合法。第一项主张:从上文所述可知,无论是出于正义战争的何种理由,这种做法都并不是无条件地被许可的。因为惩罚不应该超出侵害的程度与性质。惩罚应当谨慎科处,奖励应当慷慨赐予。这不仅是人法中法则,同时也是自然法和神法的法则。因此,即使假设敌人的侵害是战争充足的理由,敌人的伤害也并不总是足以证明可以合法地推翻敌人的主权权威,推翻它的法律和原先的君主;因为这些都是完全野蛮与不人道的手段。

五十九、第二项主张:不可否认,有时候也会产生充分、合法的理由改换君主或者夺取主权;并且,这要么是因为敌人造成的损害与伤害极其严重、惨无人道，要么尤其是因为如果不采取这种手段，就无法保证能从敌人那获得和平与安宁，而敌人极端严重的危险会威胁到国家。这点是显而易见的，因为如上文所述，占领一座城市是合法的，有正当的理由，那么由此可以推论，推翻它的君主也是合法的。并且，同样的道理也适用于一个地区以及该地区的君主，如果有与此相适应的更加严重的理由支持这么做的话。

然而，关于上述疑问六到疑问九，应当注意到，有时候（不，是常常），不仅臣民而且君主（事实上没有正当的战争理由）也可以善意地参与战争；我认为，这种善意就可以免除他们的过错；例如，战争是经过仔细考虑，并依据最正直、最有学问的人的意见而发动的。而由于没有过错的人就不应当受到惩罚，在这种情况下，虽然胜利者可以要求对他被夺走的东西以及任何的战争费用进行赔偿，然而，正如在战争取胜后继续杀戮是不合法的一样，因此，胜利者也不应当超出正当的界限而占领或榨取世俗之物。因为超过这些界限的一切行为都只能被视为是惩罚，而惩罚是不应当施加在无辜者身上的。

六十、综上所述，我们可以总结出一些战争法则或准则。**法则之一**：假设君主有权开战，他首先不应当千方百计地寻找战争的机会与理由，而应当（如果可能的话）与所有人和平地生活在一起，正如圣保罗命令我们的那样。（《罗马书》12）此外，他应该时刻记住，他人就是邻人，应当像爱自己一样爱他们；应当记住，我们所有人都共事一个主，在他的法庭上，我们都必须申明我们的理由。因为千方百计地寻找杀戮、毁灭人类的理由，并沉浸其中是一件极端野蛮的事情。人类是上帝创造，由基督之死才得救赎。只有迫不得已，君主才能勉强地接受战争的必然性。

法则之二：当正义战争爆发，人们参战不应当是为了去毁灭那些反对自己的人,而只能去主张自己的权利,保卫自己的国家,使和平与安宁能够尽早地从战争中产生。

法则之三:在战争结束取得胜利之后,胜利者应当审慎、像基督徒一样谦卑地利用自己的胜利;胜利者应当自视为两个国家之间的法官,一个国家受到了伤害,而另一个国家犯下了罪行。如此,他就能作为法官而不是作为指控者做出判决。在判决中,受到伤害的国家得到心满意足的赔偿;而犯罪的国家也得到了尽可能少的灾难与不幸,犯罪的个人在法律的限度内得到惩罚。这么做最重要的原因是,一般地,在基督徒中间,所有的过错都被归于他们的君主,因为臣民是带着善意为他们的君主作战的。因此,诗人所说的这种行为是完全不正当的:

> 国王们犯下的所有过错的惩罚
> 都落到了希腊人的头上。[①]

① Quidquid delirant reges, plectantur Achivi.

图书在版编目（CIP）数据
论美洲印第安人与论战争法 / 戴鹏飞译 —上海：
上海三联书店，2019. 12
（海国图志 / 林国基主编）
ISBN 978-7-5426-6737-3
Ⅰ. ① 论… Ⅱ. ①弗… ②戴… ③林… Ⅲ. ①美洲印第安人研究
②战争法 – 通俗读物 Ⅳ. ① K708②D995

中国版本图书馆CIP数据核字（2019）第165430号

书　　名　论美洲印第安人与论战争法
著　　者 /［西班牙］弗兰西斯科 · 德 · 维多利亚
译　　者 / 戴鹏飞
责任编辑 / 程　力
特约编辑 / 马健荣
装帧设计 / 王小阳工作室
监　　制 / 姚　军
责任校对 / 周广宏
出版发行 / 上海三联书店
（201199）中国上海市闵行区都市路4855号2座10楼
邮购电话 / 021-22895557
印　　刷 / 上海望新印刷有限公司
版　　次 / 2019年12月第1版
印　　次 / 2019年12月第1次印刷
开　　本 / 890×1240 1/32
字　　数 / 175千字
印　　张 / 7.5
书　　号 / ISBN 978-7-5426-6737-3 / D · 428
定　　价 / 34. 00元
敬启读者，如发现本书有印装质量问题，请与印刷厂联系021-54975552